Doris Mehring

Wieder so ein Tag

Geschichten für besondere Menschen

mit Illustrationen von Thomas Bötel

2. Auflage 2004
www.gwg-ev.org

Lektorat: Thomas Reckzeh-Schubert, Köln
Layout: F. Aguado Menoyo Graphikdesign, Köln
Umschlagbild: Illustration von Thomas Bötel
Druck: Albersdruck GmbH & CO KG, Düsseldorf
Printed in Germany

ISBN 3-926842-37-7

Doris Mehring

Wieder so ein Tag

Geschichten für besondere Menschen

mit Illustrationen von Thomas Bötel

GwG-Verlag Köln

Gesellschaft für wissenschaftliche
Gesprächspsychotherapie e.V.

Inhalt

Geleitwort

Geschichten für besondere Menschen wollte Doris Mehring schreiben. Daraus ist nun ein sehr besonderes Buch geworden.

Besondere Menschen. Doris Mehring sagt nicht: behinderte Menschen. Ein besonderer Mensch, das ist eigentlich jeder Mensch. Jeder einzelne – mit all seinen Kräften und Schwächen, seiner Heiterkeit und Traurigkeit, seinen Liebenswürdigkeiten und Unausstehlichkeiten, seinen Zuversichten und Verzweiflungen. Jeder einzelne in seiner Eigenart ein Besonderer, ein überaus Wertvoller, ein je einmaliges Ebenbild Gottes.

So nehmen wir teil an nun in der Tat besonderen Geschichten. Geschichten von Zärtlichkeit und Grobheit, von sprudelnder Geselligkeit und dumpfem Einsamsein, von Kummer und Leidenschaft, von Ordnung und Chaos, von bitterem Ernst und umwerfender Komik. Doris Mehring, die an der Evangelischen Fachhochschule Bochum Heilpädagogik studiert hat und nun in leitender Stellung als Fachleitung in Gelsenkirchen tätig ist, beschreibt mit einer überaus unprätentiösen Sprache die Welt von Menschen mit Beeinträchtigungen und ihren Begleitern. Eine Welt, die sie nicht nur detailliert kennt, sondern auch – durchaus im Sinne des Personzentrierten Ansatzes von Carl Rogers – „versteht". Was Empathie gerade auch für das uns nicht immer und von vornherein Vertraute und Bekannte bedeutet, hat sie nun einfach einmal in erzählender Form festgehalten. So kommen bei ihr – in dieser Art wohl erstmalig – heilpädagogische Kompetenz einerseits und ein unübersehbares, erfrischend unverbrauchtes literarisches Talent andererseits zueinander. Auch darin ist dieses Buch besonders.

Interessant auch der ständige Perspektivenwechsel – ein, wenn man so will, belletristischer Beitrag zum Thema „Integration". Es ist eben nicht nur der verstehende Blick von außen, der der Autorin zweifellos zu eigen ist, es sind vor allem die verschiedenen „Innenleben" der beteiligten Personen. Muss dabei eigentlich immer alles „verstanden" werden? Es gehört zur Qualität dieser Texte, dass sie sich aufs Ganze diesem belehrenden Druck sanft, aber bestimmt entziehen. Vieles ist eben so, wie es ist. Eben besonders.

Von bestimmten Worten sagt Doris Mehring in einem ihrer Texte, dass sie langsam durch den Raum schweben und einen plötzlich berühren. Es scheint fast so, als habe sie dabei – unbeabsichtigt, aber treffsicher – von ihren eigenen gesprochen, von ihren Geschichten für besondere Menschen.

Professor Dr. Okko Herlyn

Die Vereinbarung

Ich weiß nicht warum, aber morgens bin ich immer müde. Der Wecker klingelt. Er steht auf dem kleinen Tisch neben meinem Bett, ganz nah an meinem Ohr. Er klingelt sehr laut. Er klingelt immer gleich, jeden Morgen um die gleiche Zeit. Er will mir sagen, dass ich aufstehen soll, die Füße in die Pantoffeln stecken und zum Klo gehen.

Gleich kommt Regina. Ich weiß, dass sie heute morgen Dienst hat. Regina ist nett, sie klopft vorher an, damit ich weiß, jetzt kommt sie rein. Nicht alle klopfen an. Michael kommt einfach rein, ohne zu klopfen. Das mag ich nicht, das geht mir zu schnell. Ich bin ja noch so müde.

Regina sagt immer: „Aufstehen, Olaf, ein neuer Tag fängt an. Es wird schon ein wenig hell. Steck die Füße in die Pantoffeln und geh schon mal aufs Klo! Nachher helfe ich dir beim Rasieren."

Aufs Klo gehen, Zähne putzen und Waschen kann ich ganz alleine. Beim Rasieren hilft mir Regina, weil ich manchmal ein paar Barthaare stehen lasse. Aber bald kann ich das auch alleine, ich muss es nur ein wenig üben. Mit Regina geht das gut, sie läßt mich alleine rasieren und zeigt mir die Barthaare, die ich vergessen habe.

Da fahre ich dann nochmal drüber. Michael sagt immer: „Komm, Olaf, ich rasiere dich, sonst siehst du aus wie ein Räuber." Und dann rasiert er mich ganz glatt. „Wie ein Babypopo", sagt Michael.

Heute habe ich gar keine Lust aufzustehen. Als der Wecker nah an meinem Ohr klingelt, ziehe ich mir die Decke über den Kopf und tue so, als ob ich gar nicht da wäre. Vielleicht denkt Regina, ich bin nicht da. Dann muss ich nicht aufstehen und nicht in die Werkstatt gehen. Ich kann den ganzen Morgen im Bett bleiben und schlafen.

Es klopft. Ich sage nicht herein. Es klopft noch einmal. Regina öffnet leise die Tür. „Olaf, aufstehen, ein neuer Tag fängt an. Steck die Füße in die Pantoffeln und geh schon mal aufs Klo. Nachher helfe ich dir beim Rasieren."

Ich bin ganz leise und bewege mich nicht. Ich bin gar nicht da.

„Komm, Olaf, ich weiß, dass du da bist. Du hast dich unter deinem Bettbezug versteckt. Das machst du jeden Morgen. Ich habe gar keine Lust mehr, jeden Morgen so lange auf dich zu warten."

Manchmal ist Regina eine Ziege. Ich bewege mich immer noch nicht und sage nichts. Regina hat gar nichts verstanden. Ich bin müde und will nicht aufstehen und aufs Klo gehen. Ich will einfach weiterschlafen. Regina geht aus dem Zimmer. Vielleicht vergißt sie mich ja. Eigentlich muss sie mich vergessen, weil ich ja auch gar nicht da bin. Unter der Bettdecke ist es wunderbar warm und dunkel. Ich kann fühlen, wie das Bett ein bißchen wackelt, wenn Regina aus dem Zimmer geht. Das ist schön, fast so schön wie Schaukeln. Wenn ich die Hand ein bißchen aus dem Bett raus halte, fühle ich die kalte Luft, die unter der Tür herkommt. Geh weg, du kalte Luft, ich will nicht frieren. Psst, jetzt leise sein, Regina kommt …

Jetzt spricht sie mit sich selber: „Ich glaube, ich mache mal ein bißchen die Heizung an, damit Olaf nicht frieren muss, wenn er aufsteht. Den Kaffee habe ich schon auf den Tisch gestellt. Heute gibt es Brötchen und ein Ei. Das mag Olaf ja sooo gerne. Mal sehen, ob er gleich aufsteht." Dann geht sie leise aus dem Zimmer.

Ich höre meinen Bauch ganz laut knurren, als Regina von Brötchen und Eiern spricht. So ein Verräter! Mein Bauch hat einfach Hunger.

Vielleicht sollte ich doch aufstehen, aber erst, wenn es wärmer im Zimmer ist. Wie lange das wohl dauert? Ob der Bauch das so lange aushält? Manchmal tut der nämlich richtig weh, wenn der Hunger hat. Halt noch ein bißchen aus, du Bauch.

Vielleicht hilft eine Vereinbarung. Regina sagt immer: „Komm, wir treffen eine Vereinbarung, und dann wird alles gut." Regina und ich haben eine Menge Vereinbarungen. Manchmal vergesse ich die eine oder andere, aber sie erinnert mich, und dann ist es wieder gut.

Mein Bauch und ich könnten doch auch eine Vereinbarung treffen. Hör zu, Bauch: Ich stehe jetzt auf, stecke die Füße in die Pantoffeln und gehe aufs Klo. Du hörst auf zu knurren und tust mir nicht weh. Dann gehe ich Frühstücken und alles wird gut. O.k.?

Als ich die Hand aus dem Bett strecke, kann ich fühlen, dass die Luft schon wärmer geworden ist. Ganz vorsichtig kommen die Füße unter der Bettdecke hervor und schlüpfen in die Pantoffeln. Ich bin ein bißchen neugierig, welche Arbeit es heute in der Werkstatt für mich gibt. Jetzt muss ich mich aber beeilen. Wie gut, dass es Vereinbarungen gibt, da wird alles viel leichter! „Regina, ich komme!“

&

Wie soll ich es euch sagen?

Das ist Rolf. Er hat einen leicht mongolischen Gesichtsausdruck, kleine verschmitzt dreinblickende Augen und einen leicht untersetzten Körper, mit dem er versucht mitzuteilen, was er gerne sagen möchte.

Hat er z. B. Hunger und will etwas zu essen haben, führt er seine rechte Hand zuerst mit kreisenden Bewegungen an den Bauch, um sie dann im ständigen Wechsel wieder an die Lippen zu führen.

In seinem bisher dreiundfünzig Jahre währenden Leben hat er es immer besser verstanden, sich ohne Worte auszudrücken. Was Worte sind, kann er nur ahnen. Wahrscheinlich sind es die Schwingungen, die er manchmal im Körper spürt, wenn er eng angeschmiegt an Helga mit den Augen verfolgt, wie ihre Lippen eine Art Gymnastik vollführen. Seine Ohren sind taub, sie empfangen keine Schallwellen.

Manchmal, wenn die anderen Musik machen, hat er die lauten Töne im Bauch gespürt, das hat gekitzelt, und er musste sein stummes Lachen lachen. Helga hat seine Hand genommen, sie an die Gitarre geführt und sie zum vibrierenden Bindeglied zwischen ihnen gemacht.

Vibration, das ist schön! Darum liebt er es

auch, mit dem Auto zu fahren. Kaum ist er aus der Werkstatt zu Hause, schon gibt er seinem Verlangen danach durch heftige Drehbewegungen der Hände um ein Lenkrad, das nur er sehen kann, Ausdruck. Helga versteht ihn und sie nimmt ihn mit, wenn sie zum Einkaufen fährt.

Vibration erlebt er auch in Gesellschaft seines Freundes Walter, der seinen Bedürfnissen durch lautes Bellen Gehör verleiht. Walter versteht es auch wie kein anderer, einem die Füße zu massieren. Da kann Rolf vor Wonne vergehen, und seine Augen signalisieren ewige Dankbarkeit.

In letzter Zeit ist Rolf seltsam still geworden, und er zeigt eigenartige Verhaltensweisen. Er schlägt mit dem Kopf so lange auf den Tisch, bis die Stirn blutend aufgeplatzt ist. Verwundert nimmt er das Entsetzen seiner Umgebung zur Kenntnis.

Ohne Vorwarnung fällt er bei vollem Bewusstsein, ohne sich abzustützen, wie ein Brett zu Boden und bleibt einfach so lange liegen, bis ihn jemand auffordert aufzustehen. Danach ist er ganz müde und will nur noch schlafen.

Alle machen sich große Sorgen um ihn und überlegen, was er wohl sagen will.

Einer sagt, er mache das nur, um seinen Willen durchzusetzen. So einfach ist das.

Ein anderer denkt, jetzt wird er alt und weiß schon nicht mehr, was er tut. So ist der Lauf der Dinge.

Helga vermutet einen Schmerz oder ein unangenehmes Geräusch in Rolfs Kopf, das ihn verwirrt und unglücklich macht. Sie will das nachsehen lassen.

Das kann nur ein Arzt mit einer speziellen Maschine, in die man mit dem ganzen Körper hineingeschoben wird. Die Maschine fotografiert das Innere des Kopfes, und man kann sehen, ob da was ist, was da nicht hineingehört.

In der folgenden Woche macht Helga Rolf deutlich, dass sie mit ihm im Auto zum Krankenhaus fahren will. Rolf freut sich. Autofahren, das versteht und liebt er. Schnell holt er seine Jacke, setzt seine Mütze auf und steht wartend an der Tür.

Irritiert schaut er auf die Tasche, die Helga mit seinen Sachen bepackt in der Hand hält. Sein Gesicht ist ein einziges Fragezeichen. Aber die Freude übers Autofahren überwiegt, und schwupps sitzt er auf dem Beifahrersitz.

Helga stellt die Tasche auf das Bett in dem fremden Zimmer. Warum nur liegt sein Schlafanzug auch auf dem Bett? Ängstlich stellt er sich ganz nah neben Helga, als der Mann im weißen Kittel ihm die Hand geben will.

Helga schaut ihn an, sie bewegt die Lippen, sagt etwas zu ihm. Es erreicht ihn nicht. Angst überzieht seinen Körper wie eine Gänsehaut. Seine Augen flehen sie an, ihn nicht alleine zu lassen. Er flieht in ihre Umarmung und versteckt das Gesicht in ihrer Achselhöhle.

Fast gewaltsam muss sie sich von ihm lösen. Der mit dem weißen Kittel hält ihn fest, als Helga zur Tür hinausgeht.

Als sie ihn wiedersieht, haben sie ihn mit den Armen am Bett festgemacht. Sein Blick ist trübe, und er schaut durch sie hindurch. Auch auf die Berührung durch ihre Hände reagiert er nicht.

Erst als eine warme Träne aus Helgas Auge seinen Handrücken erreicht und langsam daran herunterläuft, bewegt er seinen Kopf. So viel Enttäuschung ist in seinen Augen zu sehen, dass es ihr beim Atmen weh tut. Lange, lange sitzt sie an seinem Bett und schaut in seine Augen. Man denkt, sie reden nicht, weil keine Worte zu hören sind, aber sie reden doch. Niemand weiß, wie sie das machen, nur Rolf und Helga. Helga und Rolf.

Als Helga geht, löst sie die Armfesseln und entfernt das Bettgitter. Ihr Körper wirkt gestrafft und energisch.

„Sie können ihn jetzt untersuchen, er wird sich nicht wehren“, sagt sie. „Er kennt die Umgebung nicht und hat einfach Angst. Ich bleibe bei ihm, bis die Untersuchung vorüber ist.“

Es hat ein paar Wochen gedauert, bis Rolf wieder vertrauensvoll in ein Auto gestiegen ist. Sobald jemand eine größere Tasche bei sich trägt, rennt er in sein Zimmer. Weiße Kittel lösen bei ihm immer noch große Angst aus.

Manchmal schlägt er noch mit dem Kopf auf den Tisch, bis die Stirn blutig ist. Immer öfter aber verlangt er nach einer Kopfschmerztablette, indem er die leere Tablettenschachtel hervorkramt und auf seinen Kopf zeigt.

Helga meint, das sei ein Fortschritt.

&

So viele Worte

Es sind zu viele Worte in der Welt. So viele Bezeichnungen für Dinge, die jeden Tag anders sind. Du sagst, ich sitze auf einem Sofa. Ich kann es sehen, ich kann es fühlen. Das Wort ist in mir. Es kommt nicht heraus. Viele Worte sind tief in mir, sie sind dort zusammenhanglos und bedeutungslos.

Ich versuche, die Brücke zu finden zwischen dem Wort und seiner Bedeutung. Ich verschränke die Arme vor meiner Brust, damit sie nicht so schnell herauskönnen, die Worte. Falsche Worte für falsche Dinge. Auch schaue ich nicht in deine Augen, damit du die Worte in mir nicht lesen kannst. Dein Blick ist mir unerträglich. Ich schaue für Sekunden in deine Richtung, nur um zu wissen, was du tun wirst. Komm nicht so nah, ich mag sie nicht, diese Berührung mit Worten und Händen. Ich kann sie nicht spüren.

Der Zwang, in meine Hand zu beißen, ist unwiderstehlich. Hand, ich beiße, ich spüre. Schmerz und Wollust.

Hand – Hand schlägt auf den Tisch. Tisch. Tisch. Tisch. Harte Schläge, laute Schläge.

Hand, das ist meine Hand. Ein schönes Wort, so weich aus deinem Mund. Lass es mich spüren. Spiel das Spiel mit mir. Deine Hand schlägt meine Hand, immer schneller, immer fester. Die Handfläche brennt, ist ganz rot. Ich spüre sie, die Hand, sie wird zum Wort.

Wir lachen beide.

Was ist Lachen? Lautes Gerumpel in mir, das laut quietschend meinem Mund entweicht. Nur kurz, dann verschwindet es hinter der Wand meines Schweigens.

Für Sekunden waren wir beisammen. Genug für den Tag.

Morgen kommen neue Worte. Ich sammle sie in mir, schüttel sie ordentlich durch und würfle ein Neues.

Ich habe Worte, die du nicht kennst. Die In-mir-Worte, sie gehören nur mir. Manchmal schenke ich dir eines, ohne dass du es merkst. Du sprichst es aus. Es kommt aus deinem Mund an mein Ohr. Nicht sofort. Erst verlässt es deinen Mund, schwebt langsam durch den Raum und plötzlich berührt es mich. Wir meinen das gleiche Ding mit dem gleichen Wort.

Ich muss es immer wieder sagen, immer wieder und lachen und das Wort sagen und lachen und …

Wir sagen zusammen immer das gleiche Wort, bis es in meinem Ohr zerplatzt.

Für Sekunden waren wir beisammen. Genug für den Tag.

Heute regnet es Worte. Zu viele Leute, zu viele Worte. In meiner Ecke bin ich sicher vor dem Wortregen. Wenn ich schaukel und summe, berührt er mich nicht. Nur ab und zu ein Wort-tröpfchen. Es prallt an mir ab. Meine In-mir-Worte wollen auch hinaus und können doch nicht. Ich verschaukel den Ausgang. Schaukeln hält sie in mir fest. Endlich bist du da. Schaukelst mit mir.

Für Sekunden sind wir zusammen. Genug für den Tag.

&

Wieder so ein Tag

Heute ist wieder so ein Tag. Ein Tag, der mir den Kopf schwindelig macht. Ich merke das schon morgens beim Aufstehen. Meine Arme und Beine scheinen ein Eigenleben zu führen, sie zucken und wirbeln herum und ich kann ihnen nur zuschauen. Wenn ich eine Kaffeetasse in der Hand habe, macht die einen lustigen Bogen durch die ganze Küche und zerschellt mit lautem Geklirr auf dem Boden.

Manchmal falle ich auch zu Boden und hole mir die eine oder andere Beule und Schramme. Dann wache ich auf und liege irgendwo herum. Die Betreuer nennen das „einen Anfall haben“. Sie sagen, ich soll mir keine Sorgen machen, das haben manche Menschen eben so, und ich also auch. Aber ich mache mir viele Gedanken deswegen. Warum habe ausgerechnet ich solche „Anfälle“? Warum bin ausgerechnet ich blind geworden? Warum muss ich in einem Wohnheim leben, in dem behinderte Menschen leben?

Ich habe viele Antworten darauf gefunden:

Einmal glaube ich, mein Stuhlgang ist nicht in Ordnung. Wenn ich dann so fest drücken muss, passieren Sachen in meinem Kopf, die ich nicht beeinflussen kann.

Dann denke ich, ich bin zu kalt. Keine Wärme an und in mir. Ich halte mich ganz fest, mit beiden Armen umschlungen. Es hilft nicht, die Wärme bleibt nicht bei mir, sie geht zu den anderen. Ich friere.

Vielleicht werde ich auch bestraft, weil ich manchmal so böse Gedanken habe. Ich wünsche mir, Mama wäre tot. Dann könnte ich mir eine andere suchen, eine warme, liebe, zärtliche Mama. Nicht eine, die immer fragt, warum ist er so?

In Wirklichkeit aber glaube ich, dass die Völte schuld sind. Ja, ich kenne sie, diese bösen, heißen, widerlich giftigen Wesen, die außer mir keiner sieht. Die Sehenden können die Völte nicht erkennen, weil sie mit den Augen sehen. Ich sehe mit den Sinnen des Geruchs, des Sich-Bewegens und des Fühlens. Meine Augen sind blind. Seht ihr denn nicht, wie sie nahe an euch herankommen, um euch zu vergiften und zu verbrennen? Ich kann sie riechen und an ihren Vibrationen erfühlen. Sie spucken einem ins Essen und kriechen durch den Toilettentopf. Ihr sabberndes Gift ist überall. Oh ja, und ich lasse mir nicht erzählen, dass es sie nicht gibt. Ich weiß, dass sie da sind. Sie machen mir Angst, weil ich nichts gegen sie tun kann. Gar nichts. Diese Ohnmacht ist das Schlimmste. Keiner glaubt mir, wenn ich von ihnen erzähle. Nur Ruth, sie hört mir zu. Auch sie kann die Völte nicht sehen und nicht fühlen. Aber sie hält es für möglich, dass es Völte gibt. Sie vertraut mir. Ihre sanfte Stimme und ihr guter Geruch können die Völte vertreiben. Sie buddeln sich dann in ihre Erdlöcher ein und verschwinden.

Die Völte machen, dass ich zucke, dass ich ins Nichts falle oder in brodelndes, heißes, giftiges Nass.

Aber wenn Ruth da ist, verschwinden sie. Ich habe keine Anfälle, wenn sie da ist. Ich liebe sie. Sie soll immer da sein, ganz und nur für mich. Sie riecht so gut.

Wir könnten zusammen zum lila Planeten fliegen, wo die Sanitäts-Völte leben. Die können alle Krankheiten und Behinderungen heilen. Tauschen einfach den Kopf aus und zack – alles klar. Das Problem ist nur, dass dieser Planet unendlich weit weg ist. Bis wir da sind, ist so viel Zeit vergangen, dass wir schon nicht mehr leben. Wir müssen etwas erfinden, das schneller ist als die Zeit. Etwas, das aus heute gestern macht und aus morgen heute. Ein Weltallflitzer, das wär's. Ich flöge zu den Sanitätsvölten, und die würden mich heilen. Ich könnte sehen und Ruth lieben und …

Aber heute ist wieder so ein Tag. Ein Tag, an dem ich nicht über mich bestimmen kann. Wo es mit mir passiert. Immer und immer wieder kommt so ein Tag. Die Völte sind schuld. Nur die allein.

Aber ich weiß, es ist nicht alle Tage so. Es gibt Tage ohne Völte, ohne Ruth und ohne Wärme. Normale Tage eben, wie es die Betreuer nennen. Ich weiß nicht, welche Tage ich besser finden soll.

&

Ich bin nicht traurig

Ich habe heute sowas von keine Lust arbeiten zu gehen. Wieder ein langweiliger Tag in der Außenwohngruppe, in der ich als Bezugsbetreuerin arbeite.

Hier leben Menschen, die ein bißchen Hilfe zum Leben brauchen.

Spätdienst, ausgerechnet heute, wo ich mit Rainer eigentlich über den Streit reden müßte, den wir gestern hatten. Wortlos sind wir auseinandergegangen, nachdem wir erst mit Worten aufeinander losgegangen sind.

Ich habe viele pfeilspitze Worte gefunden, die alle getroffen haben. Ich kann besser mit Worten umgehen als Rainer, genau wissend, wie ich sie platzieren kann, damit sie wehtun und wie mit Widerhaken befestigt langwierig wirken.

„Es tut mir leid," kommt mir nur schwer über die Lippen, obwohl es mir ziemlich schnell leid tut, wenn ich Rainer so traurig sehe.

Und jetzt muss ich arbeiten, obwohl ich lieber reden und küssen möchte.

Steffi wird mich bestimmt sofort wieder zulabern mit ihren Tratschereien über die anderen Bewohner.

Otto erzählt mir garantiert, was ihm heute wieder alles wehtut.

Lars muss ich hundertmal an seinen Küchendienst erinnern, und die anderen haben garantiert auch was zu meckern.

Ich könnte mich eigentlich krank melden. Mein Herz ist ja auch krank, krank vor Mitleid mit mir selbst.

Aber ich habe Gustav versprochen, dass wir heute seine neue Anlage anschließen, damit er seine heißgeliebte Musik hören kann. Annamarie verlässt sich darauf, dass ich sie schminke, bevor sie zur Theatergruppe geht. Außerdem muss ich noch die Weihnachtsdeko einkaufen, übermorgen ist der erste Advent. Scheiße.

Auf dem Weg zum Dienst überfahre ich ein Stoppschild, fahre in der Tempo-30-Zone ca. 100 Stundenkilometer und befördere eine ältere Dame fast vorzeitig ins Jenseits, weil ich das grüne Männchen an der Fußgängerampel für ein Weingummibonbon halte. Echt Scheiße.

Als ich vor der Wohngruppe ankomme, bin ich schon so richtig schön wütend. Ich knalle die Autotür an der Fahrerseite mit einem solchen Schwung zu, dass die Beifahrertür freiwillig aufgeht. Die alte Karre muss dringend zum TÜV, habe ich auch noch nicht geschafft, wollte ja auch eigentlich Rainer für mich machen. Tja, nu wohl nicht mehr. Vielleicht macht er ja jetzt gar nichts mehr für mich, fies wie ich war. Ich könnte so losheulen vor Selbstmitleid.

Der Haustürschlüssel klemmt mal wieder. Otto öffnet von innen. „Gut, dass du da bist," sagt er. „Ich habe schon auf dich gewartet."

Das kann ja ein toller Spätdienst werden. Erst mal Mantel ausziehen, Übergabebuch lesen, Kaffee aufsetzen. Ich verstecke mich im Büro hinter den Akten, hinter dem Telefon, hinter dem Schreibtisch.

Als ich wieder rauskomme, ist schon eine Stunde von diesem Kack-Spätdienst rum

Lars ist in der Küche, er hat schon den Tisch gedeckt und die Spülmaschine ausgeräumt. Jetzt ist er gerade dabei, die Wurst dekorativ auf dem Teller zu verteilen, als wären wir in einem richtigen Restaurant. Aus dem Käse hat er kleine Röllchen geformt und sie kreisförmig um ein Salatblatt drapiert. In jedem Käseröllchen steckt ein Schwert aus Salzstangen.

Das Brot hat er aufgeteilt auf zwei Brotkörbe und sie gleichmäßig auf die beiden Enden des Tisches gestellt. An jedem Platz steht ein Teller, eine Tasse und – ich glaube, ich sehe nicht richtig – unter jedem Messer liegt eine Blümchenserviette.

Die Butter hat wunderschön aussehende Rillen obendrauf, so wie ich es Lars irgendwann einmal gezeigt habe.

In der Mitte des Tisches steht der olle Kaktus, der eigentlich auf der Fensterbank im Flur seinen Platz hat, mit Engelhaar geschmückt.

„Ist doch schön, oder?" strahlt Lars mich stolzerfüllt an.

Er sagt das nicht mit Worten, denn sprechen kann er nicht. Er sagt es mit den Augen, mit den Schultern und den Händen.

Mein Hals ist wie zugeschnürt. Wochenlang haben Lars und ich gekämpft, bis er begriffen hat, dass er den Tisch decken soll. Nur das Notwendigste hat er dabei gemacht, lieblos, unordentlich und widerwillig. Er tat so, als ob er nicht verstünde, was ich von ihm wollte. Sobald sich die Gelegenheit ergab, stahl er sich aus der Küche und verschwand in seinem Zimmer. Wenn ich ihn immer wieder zurückholen wollte, schlug er seinen Kopf vor die Wand und riß sich mit den Händen die Haare aus. Wenn er hätte schreien können, hätte er es sicher getan.

Vor einer Woche hatte ich aufgegeben. Ich habe ihn aus dem Küchendienstplan gestrichen. Lieber decke ich selber den Tisch.

Und jetzt sowas.

Gustav kommt herein, schaut mich lange an und fragt. „Du traurig?"

Nein Gustav, ich bin nicht traurig. Jetzt nicht mehr.

&

Mein Zivi und ich

Seit ungefähr einem halben Jahr ist Jens mein Zivi. Er holt mich morgens zu Hause ab und fährt dann mit mir zur Schule. Da bleibt er dann und amüsiert sich mit den Tussis aus Klasse 13, um anschließend wieder mit mir nach Hause zu fahren.

Na ja, oder so ähnlich. Jedenfalls ist das nicht alles, was er so tut. Er kann noch viel mehr:

Zum Beispiel Auto fahren wie Michael Schumacher, Ralf Schumacher und Mikka Häkkinnen zusammen, fluchen wie ein Bierkutscher, furzen wie ein kaputter Heißluftballon, Kicker spielen wie ein Weltmeister und Grafittis sprühen wie DELTA. Außerdem kann er einem den Katheter so sanft in den Pimmel schieben, dass man es kaum spürt.

Das ist Jens.

Ich bin Dennis. Und bis er und ich zusammengekommen sind – das hat gedauert.

Als Jens mit seinem Zivildienst angefangen hat, hat er, glaube ich, gedacht, alle Behindis sind blöd. Ob Rollstuhl, Mongos oder Spastis – alle blöd.

O.k., Mathe, Naturwissenschaften und Englisch sind nicht so mein Ding. Aber Deutsch, Musik und ob ein Zivi was taugt, das habe ich ziemlich schnell drauf. Deutsch kann ich wohl gut, weil meine Mutter von Geburt an, von meiner Geburt an, so'n Tick hat, immer was vorlesen zu müssen.

Musik find ich einfach geil, weil man davon ziemlich gut drauf kommt.

Für Zivis hab ich da so meine selbst angelegten Tests.

Test eins:

Scheiß so viel und so stinkig wie du kannst in die Hose. Macht er es ohne zu Murren weg, lächelt säuerlich und sagt: „Aber das macht doch gar nichts", ist er ein Schleimer erster Güte.

Verzieht er das Gesicht, geht heimlich zum Kotzen aufs Klo, kommt froh gelaunt wieder und sagt: „Das machen wir schon", ist er nach spätestens vierzehn Tagen bei Essen auf Rädern.

Jens hat säuerlich gelächelt, ist zum Kotzen aufs Klo gegangen, hat gesagt: „Weißt du eigentlich, wofür es ein Klo gibt?" und hat mich von diesem Zeitpunkt an immer zur gleichen Zeit drauf gesetzt.

Test zwei:

Stell dich in der Schule so dämlich wie möglich an. Hilft er dir bei den Hausaufgaben, macht er sich unbeliebt bei den Eltern.

Hilft er dir bei Klassenarbeiten, ist er bei den Lehrern unten durch.

Hilft er dir gar nicht, ist er ein Arschloch.

Jens hat sich bei meinen Eltern unbeliebt gemacht, bei Klassenarbeiten wurde er von den Lehrern aus der Klasse entfernt, aber beim Kathetern hat er mir genau erklärt, welche Formel, ob die, die er mir auf den linken Oberschenkel oder auf dem rechten geschrieben hat, jetzt angewandt werden kann.

Test drei:

Sieht er geile Weiber und läßt er dich daraufhin im Rollstuhl im Aufzug stehen und fragt sie nach ihrer Telefonnummer, ist er ein geiler Spinner.

Sieht er geile Weiber, fährt er dich im Rollstuhl nah an sie ran und sülzt: „Behinderten zu helfen war schon immer mein Lebensziel“, ist er ein geiler Schleimer.

Jens hat mich Hannah so vorgestellt: „Das ist der Typ im Rollstuhl, von dem ich dir erzählt habe.“

Aber das alles hat unsere Freundschaft noch längst nicht besiegelt. Dazu brauchte es noch ganz etwas anderes.

Ich habe einen sogenannten Shunt im Kopf, der mein Gehirnwasser in meinen Körper ableitet. Wenn dieses Scheißding nicht funktioniert, kriege ich Kopfschmerzen und fange an zu schielen.

Vor einem halben Jahr war es soweit, und ich wäre fast hops gegangen. Aber so ein Schädelklempner hat mir den Kopf aufgehämmert und das Ding wieder in Schwung gebracht.

Danach hatte ich eine Glatze, weil die Haare eben ab müssen, wenn sie dir die Birne auf und wieder zu machen. Ich sehe mit Glatze einfach zu blöd aus, wie ne blankgeschrubbelte Kartoffel, die dazu auch noch im Rollstuhl sitzt. Saublöd.

Ich habe mir eine rattenscharfe Baseballkappe gekauft und meine blanke Murmel darunter versteckt.

Vergessen hatte ich, dass es in unserer Klasse verboten ist, im Unterricht Baseballkappen zu tragen. Die Pauker können es einfach nicht ertragen, wenn die Schüler cooler aussehen als sie. Prompt wurde ich in der ersten Stunde darüber informiert, dass das Tragen von Baseballkappen im Unterricht unter Androhung von Höchststrafe untersagt ist und mit Stockschlägen nicht unter siebzig Stück geahndet wird. Na ja oder so ähnlich.

Nun gibt es in meiner Klasse eine echt scharfe Braut, in die ich total verknallt bin. Na ja oder so ähnlich. In meiner Klasse gibt es ein Mädchen, für das ich mich so lange operieren lassen würde, bis ich wieder laufen, greifen und vögeln kann. Lisa.

In meiner Klasse gibt es auch ein Mädchen, für das mein Zivi Jens aufhören würde Auto zu fahren, zu furzen, Kicker zu spielen und Grafittis zu sprühen. Lisa.

Wirklich blöd, dass es die gleiche ist.

Lisa mit einer Glatze gegenüberzutreten wäre ungefähr so wie der Queen von England in Unterhosen gegenüberzustehen. Ausgeschlossen.

Am nächsten Morgen teilte ich meiner alten Dame entschieden mit, dass ich nicht eher wieder zur Schule gebracht werden wolle, bis mein edles Haupthaar sich wallend um meine Schultern legt. Punktum. Basta.

Eine halbe Stunde später erschien Jens, um mich abzuholen. „He Alter, wieso bist du noch im Bett? Letzter Tag vor den Osterferien!“

Wild entschlossen teilte ich Jens meine Entscheidung mit.

„Aber wieso denn, Alter?“, sagte Jens, nimmt die Baseballkappe vom Kopf und zeigt mir seine nigelnagelneue, blitzeblanke, kugelrunde GLATZE.

„An zwei so geilen Ostereierköppen kommt keine Braut vorbei. Nicht einmal Lisa.“

Echt, wir waren die Stars in der Klasse, nach einer Woche hatten fünfzig Prozent aller Schüler eine Glatze, selbst der Rektor, und ich glaube, alle Lehrer und sogar die Lehrerinnen. Na ja oder so ähnlich.

Jens ist mein Zivi. Und mein Freund. Lisa mag uns beide.

&

Sie gehört zu mir

Eine erwachsene Frau wie ich sollte nicht mehr mit Puppen spielen, sagen sie. Sie verstehen nichts. Gar nichts.

Ich war Papas Püppchen, nicht Hella und nicht Lisbeth. Nur *ich*. *Mir* brachte er die Schokolade mit und manchmal sogar ein neues Kleidchen. „Das ist für mein Püppchen," sagte er, wenn Hella und Lisbeth neidisch guckten.

Wenn Papa nicht hinguckte, haben sie mich dafür geboxt und vor mein Schienbein getreten.

Ich habe immer gemacht, was Papa von mir wollte, und darum war ich sein Püppchen, nur *ich*.

Papa ist schon lange tot, Mama auch. Ich habe noch Hella und Lisbeth und meine Puppen. Hella und Lisbeth besuchen mich manchmal im Wohnheim, wenn sie Zeit haben. An Feiertagen darf ich zu ihnen nach Hause. Hella und Lisbeth haben einen Mann und Kinder und nicht viel Zeit. Feiertage gibt es auch nicht viele.

Meine Puppen sitzen auf meinem Bett, meinem Regal, meinem Schrank und auf meinem Tisch. Alle sind schön angezogen und sehr lieb.

Ich kann mitten zwischen ihnen sitzen und Musik hören, und ich kann ihnen erzählen, wer mich heute in der Werkstatt geküsst hat.

Ich sitze gerne zwischen meinen Puppen und höre Musik. Ganz laut singe ich mit.

Dann geht es mir gut.

Nur wenn die große Wut kommt, ist alles ganz anders.

Manuela hat Besuch von ihrer Mama, sie geht am Wochenende nach Hause. Franz-Josef geht jedes Wochenende nach Hause, seine Schwester und seine Mama freuen sich auf ihn. Michael hat Besuch von seinem Papa und spielt den ganzen Nachmittag Mensch-ärgere-dich-nicht mit ihm.

Zu mir kommt die große Wut. Sie dringt in meinen Körper ein und füllt ihn mit Aufregung.

Ich werde unruhig, meine Stimme wird immer lauter. Ob ich will oder nicht, ich muss aufgeregt hin und her rennen. Um die grobe laute Stimme der großen Wut nicht hören zu müssen, stelle ich den Musikapparat auf volle Lautstärke. Ich weiß, ich darf die Musik nicht so laut hören, das stört die anderen. Also Walkman raus, Kopfhörer auf und raus auf die Straße. Die Puppen wollen mich zurückhalten, ich werfe sie mit voller Wucht auf den Boden. Lasst mich raus, seht ihr denn nicht, wie die große Wut kommt?

Ich kann jetzt keinen Tischdienst machen, ich kann auch nicht essen. Geh weg! Ich stoße Alex, die Mitarbeiterin, die gerade Dienst hat, zur Seite. Sie fliegt fast über den Tisch, so stark bin ich. Ich kann nicht hören, was sie sagt, die große Wut und die Musik in meinem Walkman übertönen sich gegenseitig.

„Boxe sie, trete sie vor das Schienbein!“ sagt die große Wut.

„Er gehört zu mir,“ singt Marianne Rosenberg in mein Ohr.

Ich muss hier raus, auf die Straße. Muss laufen. Hin und her. Her und hin.

Peter steht im Weg, blöde grinsend. „Schlag ihm das Grinsen aus dem Gesicht!“ sagt die große Wut. Oh, das tue ich gerne, ja ich bin stark, ich kann euch alle umpusten.

Aber es macht mich nicht zufrieden. Irgend etwas in meinem Bauch tut entsetzlich weh. Wenn ich laut schreie, schimpfe und fluche, wird es ein bißchen besser. Ich renne aufs Klo, vielleicht kommt die große Wut da nicht hin.

Jetzt schließen sie mich ein! Lasst mich nicht alleine mit ihr. Meine Hände schmerzen, weil ich sie vor die Tür schlage. Bitte, ich will hier raus!

Alex befreit mich, sie schließt die Tür auf.

Vielleicht wäre ich besser tot. Ich renne nach draußen, lege mich auf die Straße und warte, bis mich ein Auto überfährt.

Zwei Polizisten heben mich auf. Ich wehre mich. Sie sind viel stärker als ich und halten mich fest. Eine andere Frau spricht etwas zu mir, ich kann es nicht hören. Sie bringen mich zu einem Auto – eine Spritze – es wird so dunkel ...

Sie haben der großen Wut ein Medikament gegeben, wovon sie müde wird. Ich nicht, ich weiß genau, was sie tun. Sie rufen Hella an, damit sie zu mir kommt.

Wenn die große Wut müde wird, kann ich nach Hause gehen. Hella holt mich ab. Hella schimpft mit mir.

Es tut mir leid, es tut mir so leid.

Ich bin doch Papas Püppchen, nicht wahr, Hella, du weißt das doch. Ich bin müde, lass mich in mein Zimmer zu meinen Puppen, die werden mich verstehen.

Die große Wut ist eingeschlafen, sie wird mich nicht mehr belästigen. Heute nicht mehr.

&

„Das ist Pfui“

Gestern abend habe ich es wieder getan. Es war schön und schlimm zugleich. Jedesmal, wenn ich es tue, höre ich ihre Stimme. Am Anfang hat es mich so sehr gestört, dass ich aufhören mußte. Ich bin dann aufgestanden, habe meine Musik angestellt und mich durch langsames Schaukeln meines Körpers beruhigt.

Dann bin ich zum Klo gegangen und habe es heftig und zornig von mir geschleudert. Weg. Ab ins Klo mit dieser Lust. „Das ist Pfui“ hat sie gesagt, als sie ohne anzuklopfen mein Zimmer betrat, und diesen angewiderten Ausdruck im Gesicht hatte.

Ich konnte doch nicht wissen, dass so etwas Schönes auch Pfui ist. Es hat mir gutgetan. Ich habe dabei an Ursel gedacht. Die liebe kleine Ursel, die mir in der Werkstatt direkt gegenüber sitzt. Ab und zu bringt sie mir ein Bonbon mit, dessen klebrige Süße meinen Gaumen verwöhnt.

Ab und zu streichelt sie meinen Oberschenkel. Beim Mittagessen, wenn sie neben mir am Tisch sitzt. Es ist, als habe sie Zauberhände, die meinen Körper verändern können. Oder sagen wir besser, ein Stück von meinem Körper.

Und ab und zu denke ich eben an Ursel, wenn ich es tue.

„Das ist Pfui“ hat geklungen, als ob sie böse mit mir gewesen sei. Ich kann es nicht ertragen, wenn meine Mama böse mit mir ist. Sie will nur das Beste für mich, sagt sie immer. Ich glaube, das stimmt auch. Sie kocht wirklich immer das Beste für mich. Das, was ich gerne mag: Nudeln mit Tomatensauce. Sie kauft mir schöne Sachen zum Anziehen. Sie geht mit mir Spazieren und sie kauft mir ab und zu ein Eis. Ein Eis mit zwei Bällchen. Schoko und Vanille.

Sie weiß, was gut für mich ist.

Und dieses eine ist eben Pfui, und Pfui ist nicht gut für mich.

Sie sagt, ich mache das Laken schmutzig, und sie muss es dann waschen. Waschen macht Arbeit und davon hat sie schon mehr als genug. Mein kleiner Bruder kackt nämlich noch in die Windeln, und die müssen dann auch gewaschen werden.

Dabei passe ich doch auf, dass diese klebrige Flüssigkeit, die aus mir herauskommt, nicht in das saubere Bett gerät. Ich nehme einfach meinen Socken und mache es da hinein. Der muss doch sowieso gewaschen werden, der kleine Stinker.

Meine Mama lügt nicht. Sie weiß so viel vom Leben. Sie weiß auch viel von mir. Ich möchte so gerne lieb sein, damit sie mich lieb hat.

Aber es kommt dann über mich. Wenn ich es nicht tue, werde ich ganz verrückt im Kopf. Ich muss dann hin- und herrennen und kann nicht still sitzen bleiben. Oder ich sage ganz laut schlimme Wörter. Sie springen einfach so heraus aus mir.

Ich kratze oder zerbeiße meine Hände, damit sie nicht tun, was Pfui ist. Ich will dich nicht ärgern, Mama! Ich muss weinen. Ich weiß nicht was richtig und was falsch ist.

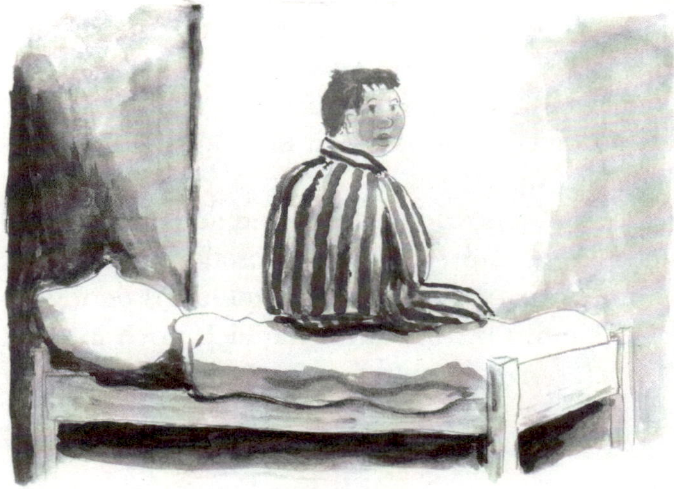

Ich habe Opa gefragt, welche Dinge Pfui sind. Opa kannte viele Pfui-Sachen, aber diese eine war nicht bei seiner Aufzählung. Vielleicht hat er sie vergessen. Oder er kennt sie gar nicht.

Wir haben ganz lange über alle möglichen schrecklichen Pfui-Sachen geredet, bis Opa gemerkt hat, was ich wissen wollte.

Er hat lange und tief in seine Kaffeetasse geschaut und gesagt: „Jetzt wird also mein kleiner Junge ein Mann“.

Opa meint, dass mein Körper mir ganz alleine gehört. Pfui-Sachen sind nur die, die andere Menschen stören. Wenn ich mit mir alleine bin, mir schöne Gedanken mache und dabei ein Taschentuch benutze, dann ist das nicht Pfui.

Jetzt kann ich es machen, ohne dass mich ihre Stimme stört. Ich schließe die Tür von innen zu und denke an Ursel.

Es ist schön, und es tut mir gut. Es ist nicht Pfui. Nein, das ist es nicht.

Der Ausflug

Bei uns in der Wohnstätte ist heute richtig was los. An allen Ecken und Enden ist Aufregung. Die eine sucht ihre Tasche, ein anderer seinen Regenschirm und ich meinen Zivi, damit der mich endlich samt Rollstuhl über die Rampe in den Bulli schiebt. Aber der kommt mal wieder nicht aus dem Quark.

Ich glaube, der hat gestern Abend ein Bierchen zu viel getrunken, so verwirrt wie der heute ist. Als er heute morgen zum Dienst kam, hatte er seinen Pullover auf links an und zwei verschiedene Paar Socken an den Füßen. Ein Wunder, dass er nicht in Pantoffeln war.

Zu mir sagte er „Guten morgen, Jürgen," obwohl ich Dirk heiße und stellte mir eine Tasse heißen Kamillentee auf den Tisch, den ich nur in Notwehr trinke, oder wenn ich schwer krank bin.

Meine Windel hat er mir so eng zugeklebt, dass ich kaum noch Luft in den Bauch atmen konnte.

Was allerdings auffällig war, war das Grinsen, das in seinem Gesicht festgeklebt zu sein schien. So ein dümmliches Grinsen, das ich irgendwie schon mal gesehen habe. Genauso hat mein Bruder damals ausgesehen, als er sich in seine Tussi verknallt hat.

Das kann ja heiter werden: ein verknallter Zivi, der nichts mehr auf die Reihe kriegt und ein Tagesausflug mit der ganzen Wohnstätte! Und es wurde heiter, sag ich euch, und wie!

Es war geplant, einen ganzen Tag am Stausee zu verbringen, mit Grillen, Spielen und Rumgammeln. Da wir nur einen Bulli zur Verfügung haben, aber sechsunddreißig Bewohner, sollten acht Bewohner und der Grill mit dem Bulli fahren und die anderen wollten mit Bus und Bahn anreisen.

Wer sich auskennt, weiß, dass Bus und Bahn und Rollifahrer nicht zusammen passen. Also schieben die Mitarbeiter mich schon mal zum Bulli, stellen den Grill und die Würstchen samt Holzkohle daneben und hoffen, dass der Zivi alles schön einlädt.

Als ich endlich drin bin, habe ich einen Sonnenstich, und wie es den Würstchen geht, kann man nur am Geruch erahnen. „Mal langsam Junge," sagt der Zivi, als ich ihm sage, er soll mal einen Zahn zulegen. „Musste nochmal telefonieren wegen heute abend, und die anderen sind noch lange nicht am See."

Endlich unterwegs stellt der Kerl fest, dass er gar nicht weiß, wo der Treffpunkt ist Also rechts ranfahren, Handy raus und telefonieren. Ich muss total nötig pinkeln und da er die Urinflasche in meinem Zimmer stehen gelassen hat, mach ich in die Windel. Echt Klasse, bei 40 Grad Außentemperatur wirkt das wie eine Heimsauna.

Als endlich alle so gegen Mittag am verabredeten Treffpunkt eintrudeln, haben wir erst mal Hunger und Durst.

Wenn der Zivi den Grill nicht neben dem Bulli stehengelassen hätte, könnten wir die bereits erwärmten Würstchen jetzt lecker braun grillen. Und wenn er die Wasserkästen aus dem Kühlhaus mitgenommen hätte, hätten wir jetzt sogar Getränke zum Durst löschen.

Dass er die bereitgelegten Spiele ebenfalls nicht mitgenommen hat, versteht sich, glaube ich, von selbst.

Die Chefin von der Wohnstätte ist inzwischen ziemlich sauer und schickt ihn samt Bulli zurück nach Hause, um die vergessenen Sachen zu holen. Das heißt, sie möchte ihn zurückschicken.

Um einen Bulli fahren zu können, benötigt

man bekanntlich einen Zündschlüssel. Der aber ist auf wundersame Weise plötzlich verschwunden und ward nie mehr gesehen.

Dass der Tag dann doch noch ein gutes Ende hatte, lag gewiss an dem Gewitter, das uns zwang, in die nächstbeste Kneipe zu flüchten.

Die Pizza dort mundete ausgezeichnet, und die Limo, die der Wirt uns allen ausgab, schmeckte wie der köstlichste Champagner.

Als ich auf der Kegelbahn, die zufällig frei war, dann auch noch alle Neune traf, hatte ich sogar meine nasse Windel vergessen

Wenn wir noch einmal einen Ausflug planen, wollen wir darauf achten, dass der Zivi weder verknallt, noch unausgeschlafen, noch alkoholgeschädigt ist.

Vielleicht nehmen wir ihn auch gar nicht mehr mit.

&

Jeden Morgen

Jeden Morgen geht sie an seinem zahnlosen Lachen vorbei, seltsam berührt, in ihr Büro unter dem Dach.

Jeden Morgen kommt es ihr vor, als gehe sie mitten durch ein fremdes Wohnzimmer und verletze sie seine Intimsphäre. Verwundert bemerkt sie die stets geöffneten Türen der Bewohnerzimmer. Das Haus, in dem geistig behinderte Menschen zusammen leben, ist ihr noch fremd, der Geruch unvertraut und doch nicht unangenehm.

Jeden Morgen der Sog in den Strudel, der ihre ganze Aufmerksamkeit und Wachheit erfordert.

Und jeden Morgen geht sie an seinem zahnlosen Lachen vorbei, seltsam berührt, in ihr Büro unter dem Dach.

Vielleicht wäre es jahrelang so gegangen, wenn es nicht passiert wäre.

Beginnend mit ihrem munteren: „Guten Morgen, Herr S.. Es ist ein schöner, warmer Tag heute. Die Sonne scheint“, haben beide es passieren lassen.

Am Fenster stehend hat er sie schon kommen sehen mit ihrem kleinen roten Auto. Er wartet auf den Morgengruß, den sie jedem, der im Eingangsbereich steht, zukommen lässt.

Jeden nennt sie beim Namen und öffnet damit

ein winziges Stück die Tür zur eigenen Wichtigkeit. Er wagt einen Blick in ihre Augen um zu prüfen, ob er und nur er auch wirklich gemeint ist.

Als ihre Blicke sich sekundenlang treffen, geschieht es. Als stünden sie auf einem winzigen Stein, eng beieinander, mit den Zehenspitzen und den Nasen sich berührend, einen Schaltkreis der Gefühle bildend.

Es fühlt sich an wie ein elektrischer Kontakt, der eine beiden unbekannte Energie zum Schwingen bringt. Es passiert.

In Sekunden, die einen ganzen langen Tag tragen können.

Gespanntes, von anderen Dingen überlagertes Warten auf ein Morgen folgt.

Am nächsten Morgen wird sein zahnloses Lachen begleitet von hektischen Bewegungen, mit denen er seine kleinen Gummitierchen direkt vor ihrer Nase herumschwingt. Ein Tiger und ein schwarzer Panther zeigen große, weiß gemalte Zähne in ihrem geöffneten Maul.

Starke Tiere, wilde Tiere. Er ahmt ihre Wildheit nach, indem er sich fauchend, mit den Tatzen schlagend vor sie stellt.

Die Hoffnung, verstanden zu werden lässt seine Augen aufleuchten und zu begeisterten Rednern werden

Langsam, eine schwingende Brücke betretend, sagt sie zögernd: „Das sind also Ihre Tiere. Die sind ganz schön wild und gefährlich.“

Sein kurzes Nicken beendet den Augenblick.

Sie sehnt sich nach mehr von diesen Augenblicken.

Die Einladung, durch eine geöffnete Tür etwas Fremdes und doch Vertrautes zu sehen, ist unwiderstehlich. Die Hoffnung darauf ist es, die es ihr jeden Morgen möglich macht, aufzustehen.

Jeden Morgen geht sie, von seinem zahnlosen Lachen begleitet, vertraut berührt, in ihr Büro unter dem Dach.

&

Als hätte es sie nie gegeben …

Er kam plötzlich, nicht vorhersehbar. Als hätte sie den nahenden Tod gespürt, hat sie sich ins Bett gelegt, um nicht wieder aufzustehen. Kein langes Sterben also für die kleine alte Frau, ein gnädiger Tod. Und doch ist es, als habe der Himmel ein Loch in das gewohnte Einerlei der Wohngruppe, in der sie lebte, gerissen. Jetzt, wo sie nicht mehr an ihrem Platz am Tisch sitzt, fällt es allen auf, wie leer es ist ohne sie.

Nicht, dass sie viel Platz eingenommen hätte. Sie war sehr klein, wie ein Kind von vielleicht zwölf Jahren. Dennoch war ihre Person raumfüllend. Wenn sie so dastand und vehement ihrem Wunsch nach etwas Ausdruck verlieh, konnte man sich ihrem Willen nicht entziehen.

Der Blick ihrer kleinen, durch gelähmte Lider verhangenen Augen vermochte ihr Gegenüber mit Charme zu verzaubern. Ihre Art, die Menschen sehr genau zu betrachten, um ihnen anschließend mit Zu- oder Abneigung zu begegnen, verliehen ihr Respekt.

Niemals ließ sie sich zu etwas bewegen, das sie nicht wirklich wollte. Ihr Widerstand hieß Langsamkeit.

Unendlich viel Zeit schien sie für die Morgentoilette und das anschließende Frühstück zu benötigen. So viel Zeit, dass der Bus, der morgens die Bewohner zur Werkstatt brachte, oft auf sie warten musste.

Alle Versuche der Betreuer, die morgendlichen Abläufe zu beschleunigen, waren vergebens. Listig lächelnd verließ sie schließlich im Schneckentempo das Haus. Den größten Spaß hatte sie, wenn der große, starke Zivildienstleistende ihre kleine Person vom Boden in seine Arme schweben ließ und sie zu dem von ihr gewünschten Zielort trug. Ihr helles Lachen ließ ihn hören, wie sehr sie ihn mochte.

Dem Menschen, den sie einmal in ihr Herz geschlossen hatte, war sie treu. Mit ihm teilte sie Trauer und Freude in der ihr eigenen stillen, einfühlenden Art. Sie benötigte nicht viele Worte, um sich auszudrücken. Ein Streicheln, ein Lächeln oder auch ein missbilligender Blick waren Ausdruck ihrer Befindlichkeit. Jeden bedachte sie mit ihrer Aufmerksamkeit.

Ihr Platz am Tisch ist leer. Bald wird er wieder besetzt sein, von einem anderen, einem neuen Mitbewohner.

Noch steht ihr Bild auf der Anrichte in der Küche. Wie wird es sein ohne sie, wenn der Alltag wieder beginnt mit seinen ewig gleichen Ritualen? Wie wird es sein, wenn ihre Stimme nicht mehr zu hören ist?

„Eigentlich hat es sie ja nie gegeben“, sagte ein Angehöriger bei der Nachricht, dass sie gestorben sei. „Sie war kein Teil des öffentlichen Lebens."

Es tut ihren Freunden weh, dass sie nicht Abschied nehmen dürfen am Grab. Die Angehörigen wünschen ihre Anwesenheit nicht.

Ein Gebet am Küchentisch bei Kaffee und Kuchen ist alles, was sie ihr mit auf den letzten Weg geben können. Sie beten es mit Inbrunst.

Alle spüren, niemals wird es so sein, als hätte es sie nie gegeben.

&

Zu Hause

Ich kann ihn schnarchen hören. Laut schnarcht er. Manchmal hält er inne, um dann einen doppelt so schnellen Schnarcher zu tun. Am Wochenende, wenn er nicht da ist, werde ich wach, weil es so still im Zimmer ist. Es ist schön so still. Eine einsame Stille. Ich schaue auf sein Bett, und es beruhigt mich, dass seine Pantoffeln noch davor stehen. Er wird wiederkommen.

Ich höre, wie er im Schlaf redet. Immer dasselbe. Angst hat er vor dem Hund, der hinter ihm herläuft. Er schreit und wälzt sich herum. Ich besänftige ihn und sage, dass er keine Angst haben muss. Ich bin doch da. Da, wo er am Wochenende schläft, ist niemand, der ihn beruhigt. Er wird mich vermissen.

Von meinem Bett aus kann ich ihn sogar sehen, wenn ich meinen Kopf etwas über das Kopfkissen baumeln lasse. Er schläft mit geöffnetem Mund. Sieht ziemlich blöd aus. Ein leeres Bett im Zimmer wirkt wie eine leere Puddingschüssel. Das, was man gerne mag, ist aufgegessen. Er fehlt mir.

Sein Geruch hängt über seinem Bett. Knoblauch mit Orange. Manchmal fährt ein rollendes Geräusch durch sein Oberbett. Ich verstecke mein Gesicht unter meinem Kopfkissen, bevor das Geräusch zum Geruch wird. Heute riecht es leer.

Als ich klein war, hatte ich ein Zimmer für mich alleine. Wenn ich in der Dunkelheit wach wurde, bin ich ins Bett meiner Mutter geflüchtet. Große Schatten waren um mich herum, drohten, in mich einzudringen. Mutter umgab mich wie eine große warme Badewanne.

Seit ich hier zu Hause bin, sind wir zusammen in einem Zimmer. Er und ich. Wir teilen das Zimmer, die Luft, die Angst.

Wird die Angst zu groß, kriechen wir zusammen in unsere Höhle. Warm ist sie, eng und stickig. Die warme Luft macht müde und ein bißchen glücklich. Seine Haut ist ganz weich und viel dunkler als meine. „Samtbauch“, sage ich und wir kichern. „Stachelarsch“ sagt er, und ich werde so wütend, dass ich ihn rausschmeiße.

Ab und an bin ich richtig wütend auf ihn. Dann kann ich ihn überhaupt nicht leiden. Ich will allein sein mit meinem Zorn. Allein mit all den bösen Worten im Zimmer. Allein im Zimmer. Aber er sitzt wie ein Frosch mit angewinkelten Beinen auf seinem Bett und beobachtet mich. Seinen Kopf wirft er hin und her, und sein Summen wird immer lauter. Je zorniger ich werde, um so lauter summt er. Sei still, ich halte das nicht aus! Er soll weg gehen! Raus!

Ich renne zwischen seinem und meinem Bett ein atemloses Rennen – bis viele kleine Blasen in meinem Kopf zerplatzen. Unter dem Tisch hockend finde ich mich wieder. Er sitzt neben mir und streichelt unbeholfen über meinen Kopf. „Ist besser?“ fragt er mich ängstlich.

Abends liege ich in meinem Bett und höre ihn schnarchen. Es riecht nach Knoblauch mit Orange. Zwischenzeitlich murmelt er Unverständliches und stößt kleine Schreie aus. „Hab keine Angst,“ murmel ich müde. „Ich bin doch da. Wir sind zu Hause.“

&

Discofieber

Einmal im Monat ist im Wohnheim Disco. Liebevoll vorbereitet von Mitarbeitern und Bewohnern riecht es bald nach Würstchen und Kartoffelsalat, alkoholfreiem Bier, Zigaretten und Tanzschweiß.

Seit kurzem gibt es sogar eine Nebelmaschine, die den jeweiligen Tanzpartner in einem unwirklich farbigen Traumnebel so schön erscheinen lässt, dass man Gänsehaut bekommen kann.

Auch die große Discokugel unter der Decke darf man nicht vergessen zu erwähnen, die sich dreht und dabei immer wieder funkelnde Punkte an den Wänden und auf den Tanzenden erzeugt.

Das Wichtigste freilich ist die Musik. Laut dröhnende Bässe lassen das Zwerchfell vibrieren und die Beine zucken. Sich wiederholende Liedzeilen laden zum lauten Mitsingen und Klatschen ein. So manches Lied hört man bis zu zehnmal am Abend. Die einfachen Melodieabläufe sind es, die besonders geliebt werden, weil sie schnell zu merken und mitzusingen sind.

Katja freut sich schon seit einem Monat auf diesen Abend. Ihre Augen strahlen in der Umrandung von blauem Lidschatten, die Haut wirkt wie Porzellan unter dem Make-up, und ihre Lippen glänzen verheißungsvoll, weiß der Himmel, wie sie das gemacht hat.

Heute wird sie ihn wiedersehen, den dünnen Blonden mit den unendlich traurigen Augen. Sein Blick hat sie mitten ins Herz getroffen. Das war beim letzten Mal, als die Betreuerin alle zur Abfahrt nach Hause zusammentrommeln wollte.

Katja stand wie angewurzelt auf der Tanzfläche und war zu keiner Bewegung mehr fähig. Ausgerechnet jetzt sollte sie nach Hause fahren, jetzt, wo es schön werden könnte. Den ganzen Abend hatte sie seine Blicke gespürt, sich aber nicht getraut hinzusehen. Er stand hinter dem Würstchengrill, und Katja ärgerte sich, dass das Geld nur für ein Würstchen gereicht hatte. Gerne hätte sie zehn weitere gegessen, nur um seine Stimme zu hören, die zärtlich: „Macht 50 Cent" hauchte.

Alle Würstchen waren aufgegessen und jetzt konnte er sich die Zeit nehmen zu Tanzen. War sie noch da, die Kleine mit der niedlichen Stupsnase?

Als sich ihre Blicke trafen, konnte man die Elektrizität zwischen beiden fast sehen, es brizzelte und zischte. Aber das merkten nur Katja und er, und sie merkten es nur in diesem Augenblick.

Es gibt Augenblicke, die möchte man in ein Marmeladenglas stecken und schnell den Deckel zudrehen, damit sie nicht verloren gehen. So einer war das, dachte Katja.

Aber die Betreuerin blieb unerbittlich, schließlich hat sie um zehn Uhr Feierabend, und Katja saß auf dem Heimweg mit runden träumerischen Kuhaugen auf der hinteren Bank des Bullis und war für niemanden mehr erreichbar.

Heute wird sie ihn wiedersehen. Heute. Vier Wochen können sooo lang sein. Wird ihm der neue Minirock auffallen und das T-shirt, das die kleinen Brüste so deutlich zeigt? Die Aufregung macht ein Gefühl im Bauch, das einem Schmerz nicht unähnlich ist. Katjas Hände sind kalt und nass. Der Kopf trocken und heiß. Fieber. Discofieber.

Unsicher schweift ihr Blick durch den abgedunkelten Raum. Ist er da?

Hinter dem Würstchengrill steht heute ein anderer, und auch der Platz am Plattenteller ist diesmal anders besetzt. Die Bänke im hinteren Raum, auf denen sonst die Tanzwilligen auf Partnerschau sitzen, sind nur spärlich besetzt. Es ist noch früh.

Als sie ihn endlich, lässig im Türrahmen stehend, entdeckt, ist das Hochgefühl der Vorfreude längst zur Mutlosigkeit geworden.

Ihr Herz fängt wie wild an zu klopfen, als er auf die Tanzfläche kommt und neben ihr mit seinen geschmeidigen Bewegungen zum Rhythmus der Musik zu tanzen beginnt. Katjas Knie werden weich, sie bleibt einfach stehen und schaut ihm nur zu.

Von rechts schiebt sich Susanne heran und

schwingt ihren mächtigen Hintern direkt vor seiner Nase hin und her. „Ein Prachthintern ist das!“ denkt er und versucht, in dichten Kontakt mit ihm zu gelangen. Heute wird er tanzen, was das Zeug hält. Vielleicht findet er ja heute eine, die ihm ein wenig Zärtlichkeit schenkt, die seinem Körper so gut tut.

Die Kleine mit der Stupsnase, die ihm beim letzten mal so gut gefallen hat, ist auch da. Aber heute ist es Susanne mit ihrem großen, schweren, weiblichen Körper, die es ihm angetan hat. Sie strahlt ihn an und streckt ihm ihren Kussmund entgegen. Er weiß genau, bei welchem seiner Blicke die Frauen weich werden. Den angebotenen Mund nimmt er an und küsst ihn voller Leidenschaft.

Katja hat das Gefühl zu fallen, ohne anzukommen. Tränen des Zorns sammeln sich in ihren Augen. „Die fette Kuh, was bildet die sich denn ein? Ich bin es doch, die geküsst werden möchte."

Die Betreuerin kann sie noch so eben davon abhalten, die kleine Colaflasche in Susannes Richtung sausen zu lassen. Aber schreien kann sie, oh ja, lauter als die Musik, und alle können sie hören. Sie wirft sich auf den Boden und schlägt mit den Fäusten auf ihn ein. So möchte sie eigentlich Susanne schlagen.

Der Schmerz in den Händen ist groß, aber nicht so groß wie der Schmerz im Bauch. Da, wo vorher der schöne Schmerz war, ist jetzt ein anderer, ein böser Schmerz.

Katjas Hände sind kalt und nass. Der Kopf ist rot und heiß wie ihre Tränen. Sie will hier raus. Nach Hause. Krank ist sie. Sie hat Fieber.

Fieber. Discofieber.

&

Ich bin Er

Heute haben wir unsere Kostüme bekommen. Schon lange hatte ich mich auf diesen Tag gefreut, ungeduldig gewartet, dass es wieder Donnerstag würde.

Wir treffen uns jeden zweiten Donnerstag, hier in dem großen Raum, in dem viele Tische und Stühle stehen, und wo die große Bühne ist. Es riecht ein bißchen muffig nach abgestandenem Bier und kaltem Zigarettenrauch.

Aber die Kekse auf dem Tisch sind frisch, und der Saft, der daneben steht, schmeckt echt lecker. Am Anfang esse und trinke ich mich immer erst mal satt.

Christel steht hinten in der Ecke des Raumes und raucht eine ihrer dicken Zigarren. Sie scheint in einer dicken Rauchwolke zu verschwinden, so sehr saugt und pafft sie an dem braunen Ding. Einmal habe ich das auch probiert, aber mir schmeckt das bittere Zeug gar nicht. Christel kriegt ganz schlechte Laune, wenn sie keine Zigarre mehr hat.

Eberhard, der Verlobte von Christel, macht sich wie immer am Verstärker zu schaffen, weil er der Techniker sein will. Wenn er nicht der Techniker ist, hält er lange Reden, die durch nichts unterbrochen werden dürfen, weil er sonst beleidigt ist.

Paul rennt auf der Bühne auf und ab. Er zählt, wieviel Schritte er machen muss, bis er so vor Sabine steht, dass sie ihn küssen kann. Sabine macht die Augen zu und spitzt die Lippen. Wenn sie Glück hat, hat Paul die Schritte richtig gezählt und trifft.

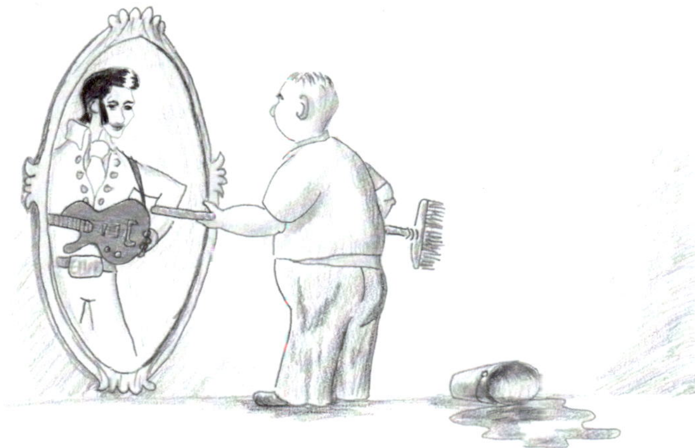

Wenn nicht, rennt er an ihr vorbei, und sie steht immer noch da und spitzt die Lippen.

Susanne singt grölend ihr Lied. Immer wieder, bis Harald in seiner bekannt burschikosen Art sagt: „Wann geht's endlich los, oder was?"

Dann begrüßt Hannah uns, und es geht wirklich los.

Heute hat sie unsere Kostüme mitgebracht. Endlich. Ich schlüpfe in die Jacke, die sie mir hinhält. Sie ist schwer. Echtes Leder mit Fransen dran. Der Kragen steht hoch und berührt meinen Hinterkopf.

Aus den Ärmeln ragen weiße Rüschen, und auf den vorderen Seitenteilen kleben glänzende Pailletten.

Die anderen Helfer schminken unsere Gesichter. Hannah macht aus meinem schwarzen Haar eine große Tolle, die mein linkes Auge fast verdeckt.

Ich schaue in den Spiegel und spüre ihn.

Er ist ein Mann. Voller Musik, voller Rhythmus. Er lebt. Meine Hand streicht seine Locke aus seinem Gesicht.

Tief in mir spüre ich, wie einsam er ist. Er steht auf der Bühne, alle sehen ihn. Er ist allein. Sie wollen, dass er singt. Gitarre spielen soll er und singen. Dabei hat er sich gerade mit seiner Freundin gestritten. Traurig ist er. Seine Schritte sind schwer. Er muss diese schwere Jacke tragen und die Traurigkeit wegen seiner Freundin.

Eberhard hat die Musik angestellt. Laut dröhnt es aus dem Lautsprecher: „Love me tender, love me do."

Er singt es, und das traurige Gefühl läßt meine Tränen über seine Wangen laufen.

Hannah feuert ihn an: „Gut Elvis, sing es mit Gefühl! So ist es gut."

Er nimmt das Mikrofon, hält es vor seinen Mund und haucht seine Seele hinein.

Ich kann ihn spüren. Ich bin Er.

&

Ewald ist tot

Ewald ist tot. Erst ganz langsam wird klar, was das bedeutet. Sein Platz am Tisch ist leer. Seine Tasse bleibt unbenutzt.

Nach der Arbeit in der Werkstatt kommen sie nach Hause, und etwas ist anders. Ewalds Bild steht mitten auf dem Tisch mit einem schwarzen Band versehen. Daneben eine brennende Kerze. Vor dem Bild liegt etwas Grünes vom Lebensbaum aus dem Garten. Frische Blumen gab es nicht, es ist Winter.

Annemarie und Christel spüren die Traurigkeit, die mitten im Raum steht und sich nicht von der Stelle bewegt, wie eine Wand aus Nebel und Rauch, die einem fast den Atem nimmt. Noch im Mantel fangen sie laut an zu weinen, ohne wirklich zu wissen, was los ist. Die Traurigkeit bringt ihre Stimmen zum Klingen und die Tränen zum Fließen. Zusammenrücken, Hände streicheln, Wärme spüren, das tut gut. Die Worte „Unser Ewald ist gestern Abend gestorben" sind eigentlich überflüssig, aber sie fließen durch den Raum, über den Tisch in die Herzen. Es ist still, nur noch leises Schluchzen und schweres Atmen sind zu hören. Nichts ist, wie es war.

Christel stimmt ein Lied an, „Lobe den Herren". Einige singen mit, wackelige Stimmen, zeitweilig abbrechend, weil die Tränen den Hals zuschnüren.

Als das Lied zu Ende ist, steht Eberhard auf. Langsam würdevoll schiebt er den Stuhl unter den Tisch und stellt sich dahinter. Er beginnt zu sprechen:

„Dreißig Jahre sind eine lange Zeit. Dreißig Jahre habe ich ihn gekannt. Gelebt hat er hier, mit uns. Dann im Krankenhaus, krank, er schluckt nicht mehr. Kein Essen geht durch den Hals. Dann durch ein Loch im Bauch, warm und kalt. Die Haut ganz dünn. Manchmal spricht er mit uns, oft auch nicht. Die Augen sind schwer, er kann sie kaum öffnen. Jetzt ist er bei Gott. Danke, Gott, dass du ihn genommen hast. Keine Schmerzen mehr, nicht mehr leiden. Auch mein Vater ist tot. Er kommt nicht mehr wieder. Wir alle sind traurig, aber wir sollten nicht weinen. Laßt uns zusammen beten: Vater unser …"

Alle, die können, sprechen mit. Christel singt noch zwei Kirchenlieder. Als Annemarie „Mein Vater war ein Wandersmann" singen will, sagt jemand: „Das ist jetzt, glaube ich, nicht richtig". „Ja, vielleicht nicht", sagt Annemarie. Christel weint wieder ganz laut.

Otto wird richtig wütend: „Sei ruhig, sei endlich ruhig! Warum hat keiner was gesagt? Alles tut mir weh, mein Kopf, mein Bauch!" Er wischt sich mit dem Taschentuch die Tränen aus den Augen, die schon ganz rot sind. So ohnmächtig, so ausgeliefert, so verzweifelt ist er.

Manfred, Ewalds bester Freund, sitzt ganz still da und weint lautlos. Die Zigarette, die ihm gereicht wird, nimmt er zum Trost und saugt hungrig. Sein Gesicht ist so leer, wie das Gefühl in seinem Bauch. Die Beine sind weich, zittern ein bißchen. Alle Worte sind verlorengegangen. Die Blässe seiner Haut lässt den Schwindel in seinem Kopf erahnen.

Wally kann heute nur ein Stück Kuchen essen, mehr geht nicht. Sie muss sich schützen vor dem Zucker und vor den Tränen. Heute war ihr sowieso so komisch im Bauch, den ganzen Tag so komisch. Wenn sie jetzt weint, wird sie die Fassung verlieren. Lieber setzt sie sich ein Stück weg von den anderen in die Festung des Sessels. Ein Sessel gibt rundum Sicherheit, man kann nicht runterfallen.

Michael hat noch einen Rest des Lächelns im Gesicht, das er von draußen mitgebracht hat. Das Lächeln ist geschmolzen und nur noch ganz klein, kaum erkennbar. Gerade war die Welt doch noch in Ordnung! Wochenende. Ewald kommt nicht mehr wieder. Die Musikanlage fällt ihm ein, die so schön für Ewald gespielt hat. Sie könnte doch auch für ihn schön spielen und ihn trösten. Musik tröstet so schön.

Eberhard verlässt den Raum, er geht in die Küche. Nur jetzt nicht weinen. Sein Atem geht tief hinein in den Körper, es tut so weh. Die Umarmung ist fest, ganz lange und regungslos stehen sie da, zwei Menschen, die versuchen, die Trauer des anderen zu spüren. Durch die Berührung verschwinden die Schranken, und Eberhard beginnt zu schluchzen. Er kämpft gegen das Weinen, mannhaft, aber nicht siegreich. Das Erleben der eigenen Endlichkeit macht Angst. Sein Herz ist schwach. Wenn er sich aufregt, wird er vielleicht auch sterben. Er will noch nicht sterben, also darf er auch nicht weinen, nur keine Aufregung. Wie kann das gehen, wenn der Schmerz so groß ist? Nach draußen gehen, Luft holen, die klare Kälte spüren. So ist es besser.

Am Abend ist der Trommelkurs. Dürfen sie Spaß haben trotz allem? Noch nie haben sie so getrommelt. Sogar Otto, der sonst keinen Lärm erträgt, schlägt wütend auf die Trommel ein. Trommeln können Herzschläge sein. Laute, leise, mutige, verzweifelte, hingebungsvolle Schläge.

Ewald hätte bestimmt mitgetrommelt. Ewald fehlt. Sein Bild steht jetzt auf dem Regal im Essraum.

Etwas von ihm bleibt hier, was das ist, kann man nicht so genau beschreiben, aber alle haben es gespürt. Wann die Beerdigung ist, wissen sie noch nicht. Aber alle werden hingehen, sie werden Abschied nehmen von einem, den sie gewiss nicht vergessen werden. Ewald ist tot, und er lebt.

&

Die Tür ist zu

Es duftet nach Kaffee, sandigen Keksen aus dem Supermarkt und Zigarettenrauch. Sie sitzen in der Küche, im Rund um den Tisch, und sprechen über wichtige Dinge. Auch sie selber sind wichtig. Wichtige Helfer. Unsere Helfer, meine Helfer.

Die Tür ist zu.

Meine Unfähigkeit zu sprechen ist der Grund, warum ich nicht bei ihnen sitze. Nur die Sprechenden sind wichtig. Sie können sagen, was ich nur zeigen kann. Sie bewegen den Mund, und schon strömen all die wichtigen Worte aus ihnen heraus. Bei mir bleiben sie, die Worte. Sie wollen nicht in diese nicht verstehende Welt. Ich strenge mich an, sie herauszuquetschen mit rotem Kopf und hervorquellenden Augen. Nichts zu machen.

Die Tür ist zu.

Vielleicht liegt es am Kaffee, der wie ein Medikament dazu befähigt, sich auszudrücken. Wann immer ich die Möglichkeit bekomme, vesuche ich, so viel Kaffee wie möglich in mich zu gießen. Sogar das braune Pulver verschlinge ich sekundenschnell, wenn ich es in dieser zischenden Maschine finde. Wenn sie mich dabei erwischen, nehmen sie mir alles weg. Sie wollen die Kraft der Sprache für sich behalten. Der Kaffee steht im abgeschlossenen Küchenschrank.

Die Tür ist zu.

Ich will hinausrennen und die sandigen Kekse aus dem Supermarkt kaufen, denn auch sie können es sein, die den Sprachfluss fördern. Ich werde sie aus den Regalen reißen und sie zu Dutzenden in meinen Mund stopfen. Gemeinsam mit den Krümeln werden ganze Wörter zwischen meinen Lippen hervorquellen. Ich renne auf den Flur, vorbei an dem alten Gummibaum, hin zur Ausgangstür. Ich drücke die Klinke herunter …

Die Tür ist zu.

Nein, jetzt weiß ich es: es sind diese kleinen weißen Dinger, die qualmend in ihren Mundwinkeln hängen. Sie haben die Zauberkraft, Worte zu erzeugen. Warum bin ich nicht gleich darauf gekommen? Ich nehme eine Schachtel aus der Schublade meines Zimmerkollegen. Das braune Ende gehört in den Mund, das weiß ich. Vorne macht man das Feuer. Oh wie das qualmt! Der Qualm muss jetzt irgendwie in mich hinein, damit er seine Zauberkraft entfalten kann. Gierig sauge ich. So schnell ist sie zu Ende. Noch eine und noch eine und noch eine … Je mehr, desto besser. Im Zaubernebel stehend wird mir ein bißchen schwindelig. Meine Zunge bekommt ein taubes Gefühl und führt außerhalb meiner Lippen ein Eigenleben. Mir wird übel. Ich kämpfe den Weg zur Toilette frei.

Die Tür ist zu.

Sie haben das Rund des Tisches verlassen und stehen neben meinem Bett. Warum ich das getan habe, wollen sie wissen. Ihre Worte sprudeln mir entgegen. Sie sind böse auf mich. Geht weg, lasst mich allein. Ich bin müde. Behaltet eure wichtigen Worte für euch, ich will sie nicht haben. Ich drehe mich zur Wand, und endlich scheinen sie zu verstehen. Sie gehen hinaus und schließen die Tür.

&

Der große Tag

Ich liege im Bett, habe die Augen noch geschlossen und weiß genau: Heute ist der Tag. Ich werde besonders lange brauchen, bis ich die Zähne geputzt habe, gewaschen und angezogen bin. Wenn ich aufgeregt bin, dauert alles etwas länger.

Auf dem Weg zu dem Platz, an dem ich frühstücken will, stelle ich fest, dass ich vergessen habe, mich zu kämmen. Also wieder zurück, das Ganze von vorn.

So, jetzt kann er beginnen, der Tag, an dem ich geboren bin.

Neben meinem Teller steht eine brennende Kerze. Gelb ist sie und warm. Das liebevoll eingepackte Geschenk daneben verlockt zum sofortigen Öffnen. Aber da singen sie schon: „Wie schön dass du geboren bist, wir hätten dich sonst sehr vermisst“.

Alle wollen mir auf einmal gratulieren. Wen soll ich zuerst umarmen? Ich kann mich nicht entscheiden und greife erst einmal zu dem leckeren, frischen Brötchen. Gleich in der Werkstatt wird es wieder so sein. Aber da halte ich alle mit dem mitgebrachten Kuchen in Schach. Der Arbeitstag wird mir nicht schnell genug vergehen. Am Nachmittag kommt Mama mit meinem Bruder Christian. Ich habe sie so lange nicht gesehen. Besonders Christian. Der hat jetzt auch schon einen kleinen Sohn, den Dominik. Mama sagt, ich sei jetzt eine Tante. Ich finde, das hört sich so alt an: Tante.

Meine Tante Johanna hat graue Haare und immer einen Schwitzfilm über der Oberlippe, auf den ich küssen soll. Ich finde das ekelig, und deshalb möchte ich keine Tante sein.

Mama und Christian wollen mich abholen, und wir fahren zu Mama nach Hause. Wir werden ganz viel Kuchen essen, Kaffee und Bier und Schnaps trinken und ganz lustig werden.

Wenn Mama genug Bier und Schnaps getrunken hat, werden wir über alte Zeiten reden und sie wird mir über den Kopf streichen und ein bißchen weinen, weil früher alles so schön war, als wir noch beieinander waren.

Dann wird sie eine Platte auflegen, und wir werden singen und tanzen nach den Rhythmen der alten Schlager.

Christian kann ganz toll Rock'n Roll tanzen, so dass sein Kopf dicht über der Erde schwebt und sein Bauch fast die Decke des Zimmers berührt. Wir werden lachen und tanzen, bis wir atemlos vor Freude darüber sind, dass es uns gibt und dass wir zusammen sind.

Abends werden wir so viel Kartoffelsalat und Würstchen mit Senf essen, dass es uns ordentlich schlecht werden wird. Dann werden wir uns aneinandergekuschelt aufs Sofa legen und ins Fernsehen schauen, bis wir vor Müdigkeit und Wohlbehagen einschlafen.

Jetzt sitze ich vor der gläsernen Eingangstür und warte darauf, dass Mama und Christian kommen. Hier kann es mir nicht entgehen, wenn Christians Auto vorfährt.

Nein, ich komme nicht zum Abendessen, sie müssen jeden Augenblick hier sein. Mama hat es versprochen.

Am Telefon sagt sie mir, dass Dominik krank geworden ist und Christian deshalb zu Hause bleiben muss. Sie muss arbeiten und kann deshalb nicht kommen. Sie hat mich lieb und denkt an mich an meinem großen Tag. Mein Geschenk bekomme ich am nächsten Wochenende, wenn sie mich besuchen kommt.

&

Warum ist alles so?

All die Worte, die sich in meinem Kopf gefunden hatten, weigerten sich, auf dem Papier abgebildet zu werden. Dabei hatte ich mir vorgenommen, ihr das zu schreiben, was ich ihr nicht sagen konnte, weil sie mal wieder nicht kam.

Wie an so vielen Wochenenden sitze ich am Tisch in meinem Zimmer, kraftlos vor Enttäuschung vor dem linierten Blatt Papier.

Frische Blumen hatte ich aus den nahegelegenen Anlagen besorgt und in eine Vase auf die Fensterbank gestellt.

Marinas Bettchen hatte ich frisch bezogen und den Teddybären, den ich auf dem Flohmarkt ergattert hatte, mitten darauf gesetzt. Wie gern hätte ich ihre Freude darüber gesehen und mich an ihrem glucksenden Lachen erfreut. Es macht mich stolz, wenn sie ihre kleinen Ärmchen ausbreitet und ich an ihren Augen erkennen kann, dass sie weiß, wer ich bin.

Als Christina Marina in ihrem Bauch hatte, hat sie mir gesagt, das Baby sei von mir. Zuerst konnte ich es kaum glauben, weil wir doch nur ein oder zweimal miteinander geschmust haben. Heimlich in ihrem Zimmer. Immer mit der Angst, dass eine Betreuerin hereinkommt. Niemals nackt.

'Davon kriegt man doch kein Kind', habe ich gedacht. Und doch muss es wohl passiert sein, denn jetzt bin ich ein Papa. Auch wenn Christina und Marina in der Woche in einem Mutter-Kind-Heim leben und ich hier. Aber am Wochenende sind wir eine Familie. Dann besuchen wir meine Eltern und die sind dann Oma und Opa. Papa ist dann sogar meist nüchtern, damit er Marina auf den Arm nehmen kann, ohne dass sie ihm herunterfällt. Mutter lässt keinen mehr an Marina heran und füttert sie mit Brei, den sie selbst gekocht hat.

„Hoffentlich ist das Kind nicht auch behindert!", seufzt sie oft.

Christina ist geistig behindert, sagen die Ärzte, und bei mir stimmt auch was nicht im Kopf, wahrscheinlich weil Papa ein Säufer ist. Und wenn zwei nicht so ganz richtig sind, kann es sein, dass das Kind auch nicht so ganz richtig ist. Muss aber nicht so sein, sagt der Kinderarzt. Ich glaube, Marina ist richtig, denn sie entwickelt sich prächtig.

Nur jetzt hat sie eine Erkältung, und deshalb können sie an diesem Wochenende nicht kommen. Ich kann nicht hinfahren, weil ich das ganze Geld für Bier ausgegeben habe. Wenn ich nachmittags aus der Werkstatt komme und ein leerer Abend in meinem Zimmer vor mir liegt, dann trinke ich mir den Feierabend schön. Bier macht mich ganz leicht und müde. Dann vergesse ich, dass ich viel lieber mit Christina im

Bett liegen würde, mich an ihren großen dicken Körper schmiegen möchte und ich vergesse auch, dass ich ein Papa bin.

So vergehen die Tage schneller bis zum Wochenende.

Am Wochenende trinke ich kein Bier. Christina mag das nicht. Da sitzen wir dann abends zusammen vor dem Fernseher im Gemeinschaftswohnzimmer, während Marina in ihrem Bettchen in meinem Zimmer schläft. Christina legt ihren Kopf auf meinen Schoß, und ich lege meine Hand auf ihren großen Busen. Wenn wir zu müde sind um fernzusehen, gehen wir ins Bett. Ganz leise, damit Marina nicht wach wird.

Manchmal träume ich davon, wie es wäre, wenn wir immer zusammen wären. Aber Christinas Betreuerin sagt, so lange ich nicht mit Geld umgehen kann, weil ich davon Bier kaufe, und so lange ich öfter die Arbeit schwänze, dürfen wir nicht zusammen in einer Wohnung leben. Sie kann das bestimmen, hat der Richter gesagt. Sie kann auch bestimmen, dass Christina und Marina am Wochenende nicht kommen dürfen, weil ich während der Woche irgendeinen Blödsinn gemacht habe. Das ist dann die Strafe. In letzter Zeit hatte ich öfter eine Strafe und Christina war ganz schön sauer am Telefon. Ich habe mich dann aber ordentlich angestrengt und mich zusammengerissen, damit es an diesem Wochenende klappt. Und jetzt so was.

Ich sitze vor dem leeren Blatt Papier und möchte ihr gerne schreiben, warum alles so ist, wie es ist. Heute klappt es nicht. Vielleicht morgen.

&

Alter Mann ist Ute

Auf dem von herabfallender Zigarettenasche zerlöcherten Sofa sitzt ein alter Mann in dunkelblauer Jogginghose und Filzpantoffeln.

Der Blick seiner Augen ist beim gierigen Zug an der Zigarette auf kein Ziel gerichtet. Sein Gesichtsausdruck scheint verlorengegangen in einer Zeit, die niemand außer ihm kennt.

Ungekämmt steht ihm sein graues Haar in lustigen Bürzeln vom Kopf, so als sei er erst vor Minuten aus dem Bett gekommen.

Sprießende graue Barthaare zeugen von Vergesslichkeit oder Vergessenwerden.

Wenn er schlurfend durch den Raum geht, um sich eine weitere Zigarette zu holen, legen sich seine Hände schützend um seine mageren Oberarme, als ob er damit den Körper zusammenhalten könnte. Klein und mutlos sind die Schritte, mit denen er sich der Theke nähert, die die Küche in zwei Hälften teilt: Hinter der Theke die Helfer, vor der Theke der alte Mann als Bittsteller um eine weitere Zigarette.

In einer anderen Zeit war er selbst ein Helfer, ein Hilfsarbeiter in einer Fabrik. Er konnte die Kartons aufeinanderstapeln wie kein anderer. Ordentlich und platzsparend. Jeden Morgen war er pünktlich zur Stelle, um pflichtbewusst sein Werk zu beginnen. Müde und zufrieden konnte er den Tag beenden.

Ein Spiel Mensch-ärgere-dich-nicht mit der alten Mutter war das Vergnügen seiner Freizeit.

Dann hielten mit den Jahren die Löcher Einzug in seinen Kopf, die Erfahrungen, Erinnerungen und Worte in ein schwarzes Nichts verwandelten und ihn zu dem alten Mann werden ließen, dessen einzige Erinnerung aus dem Namen Ute und dem Wort Zigarette bestand.

Aufbewahrt in einem Heim, zusammen mit vielen anderen besonderen Menschen, blieben ihm nur der Saugreflex an der Zigarette, und sein Bett als Ort des Vertrautseins.

Und Ute.

Jeder, den er um eine Zigarette bittet, ist Ute. Jede, die ihn kontaktsuchend berührt, ist Ute.

Ute ist das Wort für „Dich kenne ich". Ute ist nur ein Wort.

„Ute, willste 'ne Zigarette?", fragt der Betreuer, die Bedeutung des Wortes nicht erfühlend aber wissend, dass die Gier nach einer Zigarette den alten Mann vor die Theke gelockt hat.

Stumm nimmt der Alte die brennende Zigarette an, und schlurft mit kleinen verzagten Schritten dem zerlöcherten Sofa entgegen.

&

Tage der Angst

An manchen Tagen bin ich sehr stark. Da bin ich Supermann.

An solchen Tagen fahre ich ganz alleine mit dem Bus zu meiner Freundin Monika, die in einer anderen Stadt wohnt. Ich besuche sie in ihrem Zimmer der Außenwohngruppe, in der sie lebt. Wir haben dann viel Spaß und viel Sex. Am Abend finde ich den Weg zurück in mein Zimmer im Wohnheim. Ich falle müde ins Bett und schlafe die ganze Nacht.

Am nächsten Morgen fahre ich, wie alle anderen, mit dem Werkstattbus zur Arbeit. Hier kann ich allen von meinen Abenteuern als Supermann erzählen, immer und immer wieder. Die anderen sind oft neidisch und wollen meine Geschichten nicht hören. Dann schmücke ich sie immer mehr aus, so lange, bis sich dieses gute Gefühl in mir ausbreitet: Dieses Gefühl, als ob ich fliegen könnte.

Wie gut wäre es, könnte ich dieses Gefühl festhalten!

Aber allzu schnell kommen die anderen Tage. Schon Morgens weigere ich mich, meine Tabletten zu nehmen. Ich weiß genau, sie wollen mich vergiften. Nein, den Gefallen zu sterben tue ich euch nicht. Ich lege mich einfach wieder in mein

Bett. Hier bemerkt niemand mein Zittern und den unsicheren Gang, der in meine Beine gefahren ist. Beim Gehen muss ich nämlich aufpassen, damit ich nicht in die schwarzen Löcher falle, die sich immer wieder an anderen Stellen im Boden auftun.

Ich rauche eine Zigarette nach der anderen und verschwinde im Nebel.

Mitten im Nebel tauchen sie auf: Totenköpfe mit blutenden Augenlöchern. Ich renne hinaus, an ihnen vorbei auf die Straße. Ich habe solche Angst. Ich will nicht mit ihnen allein sein!

Mir ist heiss, mein Körper brennt. Runter mit den Sachen. In Unterhosen stehe ich da, und alles an mir zittert. Sogar meine Unterlippe gehorcht mir nicht mehr. Sie kann den Speichel in meinem Mund nicht mehr festhalten, er rinnt sinnlos aus meinem Mund.

Die Menschen, die mir begegnen, starren mich feindselig an. Ich möchte ihnen sagen, wie sehr ich mich fürchte. Statt dessen entspringen immer die gleichen Worte meinen Lippen, wie in einer Endloskette.

Neben mir hält ein zischender Drache, verkleidet als Bus, und saugt mich in seine schwarze Mundöffnung. Als er mich wieder ausspuckt, stehe ich vor Monikas Wohnung. Ich bin gerettet.

Aber sie wollen mich nicht hereinlassen. „Du bist krank," sagen sie, „geh nach Hause. Monika ist nicht da".

Mir wird schwindelig, alles ist so dunkel. Haltet mich fest.

Die Polizei hat mich nach Hause gebracht.

Nachts gehe ich herum und suche nach Zigaretten. Schlafen kann ich nicht.

Jetzt sitzen sie zusammen und beraten, was sie mit mir tun sollen. Ich will ins Krankenhaus, damit sie mir die Angst herausoperieren können.

Der Arzt und der Mann vom Ordnungsamt schauen mich an und schreiben lange Sätze auf ein Blatt Papier.

Sie sagen, ich hätte mich auf die Straße gelegt, um zu sterben. Aber ich wollte nur, dass die Angst überfahren wird, die auf meiner Brust sitzt.

Sie sagen, ich hätte einen Betreuer geschlagen. Aber es war doch nur dieses scheußliche Monster, das mir nicht aus dem Weg gehen wollte.

Sie sagen, ich hätte die Toilette kaputtgemacht. Aber ich habe lediglich das stinkende schwarze Loch zugemacht, damit ich nicht hineinfalle.

Überall lauern Gefahren auf mich. Ich muss immer wach bleiben und aufpassen, sonst bin ich verloren.

Um wach zu bleiben, muss ich ganz viel Kaffee trinken und Zigaretten rauchen.

Hört endlich auf zu schreiben. Tut etwas.

Bringt mich weg. Bringt mich in Sicherheit. Bringt mich dahin, wo die Angst nicht hinkommt.

Bitte.

&

„Ich-bin“

Da sitzen sie auf diesen hölzernen Dingern und tun so, als wüßten sie, im Gegensatz zu mir, immer in jedem Augenblick, was sie tun.

Aber ich durchschaue sie. Sie sagen ‚Guten Tag“ ohne zu wissen, ob es ein guter Tag ist. Sie fragen mich, wie es mir geht, ohne dass es sie wirklich interessiert. Sie sprechen davon, dass sie auf einem Stuhl sitzen, ohne ihn wirklich zu fühlen.

Auch beim Laufen erwecken sie den Eindruck, genau zu wissen, in welche Richtung der nächste Schritt sie führt. Ihre Bewegungen erfolgen fließend, ineinander greifend, geschmeidig.

In Wirklichkeit ist alles genau ausgeklügelt. Sie haben es lange geübt, so zu tun als ob.

Sie verstecken hinter dem „Als-ob“ ihr „Ich-bin“.

Ich aber habe ein Ohr hinter der Stirn, mit dem ich ihr „Ich-bin“ genau hören kann.

Sie wollen, dass ich mich wasche, damit ich mich wohlfühle, wenn ich sauber bin. Aber ich kann ihr „Ich-bin“ hören, das sich vor dem Geruch meines Körpers ekelt.

Sie wollen, dass ich früh zu Bett gehe, damit ich am nächsten Tag gut ausgeschlafen bin.

Aber ihr „Ich-bin“ verrät, dass sie schnell nach Hause wollen, weil der Krimi im Fernsehen gleich beginnt.

Sie wollen, dass ich arbeite, weil das gut für mein Selbstwertgefühl ist. Aber ihr „Ich-bin“ zählt das Geld, das für den erledigten Auftrag hereinkommt.

Sie schauen mir in die Augen und sagen, dass ich ein ganz Toller bin. Aber ihr „Ich-bin“ bedauert das missratene Geschöpf Gottes.

Sie erklären, dass sie für mich ein normales Leben wollen. Aber ihr „Ich-bin“ nennt nur sich selbst normal.

Sie halten mich tröstend im Arm und sagen, dass sie bei mir sind. Aber ihr „Ich-bin“ hat sich in sie selbst verkrochen, und ihre Tränen sind die des Selbstmitleids.

Immer wieder sind sie verblüfft darüber, dass sie mir nichts vormachen können. Sie tun mir so leid. Es muss sie furchtbar anstrengen, ihr „Ich-bin“ zu verstecken.

Manchmal bemerken sie mein Ohr hinter der Stirn. Dann schämen sie sich und decken die Scham mit vielen Worten zu. Dann höre ich zu, und zwischen vielen „Als-ob“-Worten höre ich die „Ich-bin“-Worte.

Dann merke ich, wie viel wir gemeinsam haben.

&

Abschiede

Diesmal gibt es Grillfleisch und Kartoffelsalat. Dazu trinken wir Cola und alkoholfreies Bier. Manche dieser Henkersmahlzeiten bestehen aus Kaffee und Kuchen. Auch Pizza mit Rotwein hatten wir schon. Kommt immer auf den Typen an, der uns nach einer Weile wieder verlässt.

Beim ersten Mal dachte ich noch, dass es keine schönen Tage mehr geben wird. Der Gedanke, nie wieder ihr Lachen zu hören, sie nie wieder riechen zu können, nie wieder ihren Arm auf meiner Schulter zu spüren, erschien mir unerträglich. Ihrem Versprechen, uns oft zu besuchen, habe ich anfänglich vertraut. Als sie immer seltener kam, habe ich mein Gesicht und meine Arme zerkratzt. „Ich bin schuld!" habe ich gedacht. „Ich war nicht gut. Habe sie oft genervt, habe den Tischdienst nicht gemacht. Ich bin schlecht. Deshalb will sie nicht mehr hier arbeiten."

Der große Schmerz ist weggegangen, aber ein kleines wundes Loch ist in mir geblieben. Ich spüre es, wenn ich an sie denke.

Als der Neue kam, habe ich ihm das Leben schwer gemacht. Er war nicht wie sie. Es hat lange gedauert, bis sich die alte Vertrautheit bei mir wieder einstellte. Als es gut war zwischen uns, weinte er beim Abschied. Er habe eine neue Stelle, die besser bezahlt würde, sagte er, und das habe nichts mit uns zu tun.

Auch dieses kleine Loch ist noch in mir.

Wenn das so weitergeht, sehe ich innen aus wie ein Schweizer Käse. Menschen kommen, begleiten uns ein Stück und hinterlassen kleine schmerzende Löcher, wenn sie uns verlassen.

Ich würde mich gerne davor schützen, aber es gelingt mir nicht.

Du hast mir erklärt, dass du nicht meine Mutter bist, die ein Leben lang für mich da war. Du bist nur eine Wegbegleiterin, die mir helfen soll, allein zu gehen. Du bist für mich da, solange du hier bist. Wenn du gehst, kommt ein anderer Mensch, nimmt deinen Platz ein, verlässlich wie du.

Ich hoffe nur, mein Gedächtnis reicht aus, um mich an all die Wegbegleiter zu erinnern, die ein Stück mit mir gegangen sind und mein Inneres zerlöchert haben.

Du sagst, es sei gut, dass es die Löcher gebe. Sie würden mir dabei helfen, Gefühle nicht zu vergessen.

&

Geschichten unter dem Aspekt des Personzentrierten Ansatzes im Alltag der Behindertenhilfe

Eine Art Nachwort

Das Nachtkerzenphänomen

Unscheinbar steht sie da, ihre Schönheit gibt sie nicht preis. Niemand außer dem, der sie kennt, ahnt, zu welch prachtvoller Entfaltung sie gelangen kann. So wird sie nicht so schnell Opfer gieriger Zerstörung wie die bunten Schönheiten um sie herum. Der Tag ist ihre Bühne nicht, die Nacht entpuppt sich als der heimliche Voyeur. Sie wartet still auf den richtigen Moment. Sie wird fühlen, wenn es soweit ist, dass sie sich entblößen kann, wann sie ihr Innerstes preisgibt, um die Verzückung zu genießen, die ihre Schamlosigkeit hervorruft. Sie tut es ohne Vorankündigung, so dass man sich mehr als einen flüchtigen Augenblick mit ihr beschäftigen muss. Der Kenner bleibt bei ihr, um den richtigen Moment nicht zu verpassen, er konzentriert sich ganz auf sie. Sie wird es belohnen mit dem Anblick ihrer einzigartigen Schönheit, die sich nur für kurze Zeit ihm allein erschließen wird, ähnlich einem orgastischen Gefühl des endlosen Vertrautseins.

So wie bei dieser Nachtkerze, deren wundervolle Blüte ich in einem Garten nachts sich entfalten sah, haben sich mir manchmal Menschen mit ihrem tiefsten Inneren gezeigt. Plötzlich, unvorhersehbar entstanden Situationen, in denen ich die Nähe eines Menschen körperlich spüren konnte, ohne ihn zu berühren. Von diesen Begegnungen erzählen meine Geschichten, weil ich glaube, dass sie es sind, die unser Leben wirklich bereichern, ohne dass wir dafür einen Preis zahlen müssen. Einfach so, als Geschenk des Lebens. Die Sinne für diese Erlebnisse zu schärfen, ist mir ein Anliegen und ein weiteres die Dankbarkeit dafür, dass ich diese Augenblicke erleben durfte.

Im Zuge der gleichen Wertschätzung für männliche und weibliche Menschen habe ich im folgenden Text beide Formen abwechselnd verwendet.

Während meiner Tätigkeit als Heilpädagogin mit geistig behinderten Menschen, deren Angehörigen und Betreuern habe ich häufig nach Literatur gesucht, die für diesen Personenkreis von Interesse ist. Geschichten, die die Lebenswelt, Gedanken und Gefühle dieser Menschen widerspiegeln.

Da viele behinderte Menschen nicht lesen und schreiben können, sind sie darauf angewiesen, dass ihre Literatur von anderen ausgesucht wird. Meine Suche nach kurzen und verständlichen Geschichten blieb oft ergebnislos. Einzig die Literatur für Kinder und Jugendliche schien für Menschen mit geistiger Behinderung verständlich. Aber diese kindliche Welt ist nicht die Lebenswelt eines Erwachsenen.

In der Regel leben erwachsene Menschen mit Behinderungen in Wohnformen, die ihren Bedürfnissen nach Schutz und Assistenz entsprechen, die sie aber nicht selbst gewählt haben. Die Möglichkeiten der Freizeitgestaltung sind häufig geringer als bei nicht behinderten Menschen.

Mit dem geänderten Artikel 3 des Grundgesetzes und dem neuen Sozialgesetzbuch 9 (SGB IX) sind eine ganze Reihe von Gesetzesvorhaben und Modellversuchen auf den Weg gebracht worden. Themenschwerpunkte sind: persönliche Assistenz, Nutzerorientierung, individuelle Hilfeplanung, Eingliederungshilfe und Eigenbudgetierung.

Der behinderte Mensch soll teilhaben am öffentlichen Leben. Kultur ist meiner Meinung nach ein Teil des gesellschaftlichen Lebens, und Literatur ist ein Teil von Kultur.

Literatur für besondere Menschen erlebbar zu machen, ist mein Wunsch.

Der Personzentrierte Ansatz

Eingliederungshilfe – welch schönes Wort, das die gleichberechtigte Teilhabe behinderter Menschen am gesellschaftlichen Leben rechtlich absichern soll. In der Realität jedoch finden sich Menschen mit Behinderungen in den wenigsten Bereichen des öffentlichen Lebens wirklich wieder:

Integrative Schulen sind noch immer keine Selbstverständlichkeit. Auf dem ersten Arbeitsmarkt ist es für behinderte Menschen fast unmöglich eine Anstellung zu finden, die sich an ihren spezifischen Bedürfnissen orientiert und in der sie sich integrieren können. Die Werkstatt für Behinderte dient als Auffanglager für das schlechte Gewissen. Durch die augenblickliche Arbeitsmarktlage wird sich diese Situation mit großer Wahrscheinlichkeit nicht verbessern. Aber auch im Freizeitbereich ist von Teilhabe am menschlichen Miteinander nicht viel zu spüren, oder haben Sie schon einmal behinderte Menschen in einem Fitness-Studio gesehen, auf dem Tennisplatz, beim Golfen?

In Behinderteneinrichtungen wird der Mensch immer mehr zum reinen Kostenfaktor, und die Erfüllung individueller Bedürfnisse scheitert allzu oft an leeren Kassen.

Meine Erfahrungen als Heilpädagogin im alltäglichen Umgang mit geistig zum Teil schwer behinderten Menschen haben mich davon überzeugt, dass eine personzentrierte Haltung für die Arbeitsweise mit behinderten Menschen geeignet ist, deren Lebensqualität deutlich zu verbessern, ohne dass diese Art der Betreuung auch nur einen Cent mehr kostet. Teil*habe* am gesellschaftlichen Leben heißt für mich auch Teil*nahme* am Leben des jeweils anderen. Während insbesondere geistig behinderte Menschen ihre Fähigkeit zur Empathie nicht verloren haben, fällt es denen, die mit ihnen zu tun haben, oftmals schwer, sich in andere Denkmuster hineinzuversetzen.

Eine personzentrierte Denk- und Arbeitsweise kann jedoch nur dann zum Tragen kommen, wenn die innere und äußere Haltung der Betreuer in Denken und Handeln mit den Grundlagen der Humanistischen Psychologie bzw. mit deren Menschenbild übereinstimmt. Es reicht nicht aus, eine Theorie zu vertreten, die sich im alltäglichen Umgang mit den Menschen nicht wiederfindet. Ein „verordneter" Personzentrierter Ansatz ist von vornherein zum Scheitern verurteilt, da gerade geistig behinderte Menschen mit sensorischer Genauigkeit aller ihrer Sinne die Echtheit ihres Gegenübers erfassen können.

Im Zentrum des Personzentrierten Ansatzes steht das Menschenbild der Humanistischen Psychologie, das die Verschiedenartigkeit der Menschen respektiert und somit auch den behinderten Menschen als gleichwertige, wertvolle Persönlichkeit mit einschließt.

Sich ein solches Menschenbild bewußt zu machen und zu internalisieren, ist nicht ohne Bedeutung für die Qualität der Lebensbegleitung von Bewohnerinnen in Einrichtungen der Behindertenhilfe. Eine humanistische Grundhaltung wird in Worten und in der Körpersprache der Betreuerin fühlbar und bietet die Ausgangsbasis für eine vertrauensvolle Beziehung.

Ein negatives Beispiel bildet sich in der Geschichte *„Die Tür ist zu"* ab. Was für ein Gefühl muss es sein, ausgeschlossen zu sein von dem Personenkreis, von deren Unterstützung und Hilfe man abhängig ist? Ich glaube, ein Betreuer, der mit dieser Geschichte konfrontiert wird und der versucht, sie empathisch nachzuempfinden, wird nicht mehr so schnell gedankenlos die Tür hinter sich schließen. Er wird fühlen können, wie viele Türen sich im Inneren eines Menschen durch solche gedankenlosen und achtlosen Verhaltensweisen schließen.

Aus der Erfahrung meiner jahrelangen Arbeit als freie Schauspielerin sehe ich hier Parallelen zum Rollenstudium beim Theater:

Anfangs macht sich die Schauspielerin immer wieder klar, aufgrund welcher vorgegebener Persönlichkeitsstruktur sie ihre Rolle entwickelt, z. B. ist sie demütig-religiös, rebellisch-kämpferisch o. ä. hat sie sich mit dieser Persönlichkeitsstruktur, die sie auf der Bühne darstellen soll, ausreichend identifiziert, und kann sie sie fühlen, dann wird sie ihre Rolle dieser Kunstfigur entsprechend authentisch entwickeln können. Sie wirkt auf der Bühne echt und mitreißend. Hat sie jedoch diese Rolle nicht internalisiert, wird sie auf der Bühne nicht präsent sein können. Sie wird eine schlechte Schauspielerin sein, der man die Gefühle, die sie verkörpern soll, nicht abnimmt.

Bewohnerinnen spüren wie Zuschauer im Theater sehr genau, ob das, was Betreuerinnen sagen, „echt" ist. Sie spüren, ob sie als handelnde Subjekte oder als zu behandelnde Objekte gesehen werden.

In der Geschichte *„Die Vereinbarung"* wird deutlich, welch einen Unterschied es macht, ob der Betreuer einfach so in ein Zimmer (die Intimsphäre eines Bewohners) platzt oder ob die Betreuerin vorher anklopft. Eine verinnerlichte respektvolle Einstellung wirkt sich auf die Haltung in der Beziehung zwischen Betreuerin und Bewohnerin aus. Eine solche Haltung kann dazu führen, dass zwischenmenschliche Beziehungen eingegangen werden, die für behinderte Menschen eine Grundlage ihrer Lebensqualität bilden und ihnen Chancen zur psychischen Weiterentwicklung eröffnen. Meiner Erfahrung nach sind es die kleinen Dinge im täglichen Miteinander, die diesen Respekt oft vermissen lassen. Die „Helfer" glauben zu wissen, was für den behinderten Menschen gut ist, ob er es vielleicht auch selber weiß, wird selten gefragt. Die Geschichte *„Das ist Pfui"* widmet sich dieser Thematik.

Den helfenden Menschen diese respektvolle Grundhaltung verständlich zu machen, ist nicht immer leicht, da sich diese Verhaltensweise schlecht in operationalisierten Definitionen ausdrücken lässt.

Grundlagen der personzentrierten Haltung

Carl Rogers stellte sich in seinen ersten Berufsjahren die Frage, wie er Menschen heilen, verändern und behandeln kann. Später formulierte er die Frage anders, nämlich, wie er eine Beziehung herstellen kann, die dieser Mensch zur eigenen

Persönlichkeitsentfaltung benutzen kann (vgl. Rogers, 1961).

Der beste Ausgangspunkt für das Verstehen einer Person ist das Nachvollziehen ihres eigenen Bezugssystems (vgl. Goetze, 1981). Nicht das eigene Erleben ist Ausgangspunkt der Betrachtung, sondern das des Gegenübers. Im Besonderen trifft das auf die Interaktion mit geistig behinderten Menschen zu, deren Verhaltensweisen aus ihrer eigenen Sicht immer einen Sinn haben, jedoch für den Betrachter manchmal befremdlich wirken. Oftmals wird das eigene Erleben der Bezugsbetreuer zum objektiven Maßstab gemacht, mit dem der behinderte Mensch nichts anfangen kann. Für Betreuerinnen jedoch ist es entscheidend, sich in das Erleben der Bewohnerinnen einfühlen zu können, um deren Verhalten aus ihrem Erleben heraus zu verstehen. Nur so ist es möglich, eine im Sinne *Rogers*' „hilfreiche Beziehung“ herzustellen.

Für den autistischen Menschen in der Geschichte *„So viele Worte“* ist eine solche Beziehung lebens- und überlebenswichtig.

Laut *Rogers* benötigt diese Beziehung die drei wichtigen Komponenten Empathie, Wertschätzung und Kongruenz.

Mit meinen Geschichten habe ich versucht, besonders die Komponente Empathie zu unterstützen, da diese mir am schwierigsten erscheint, sie im Alltag mit Leben zu füllen.

Empathie

Empathie meint ein einfühlendes Verstehen, Erkennen und Verdeutlichen von Gefühlen (vgl. Davison/ Neale, 1988).

Sie ist der Versuch, sich in die Welt des anderen hineinzuversetzen, ohne den eigenen Standpunkt aus den Augen zu verlieren. Sie ist eine Art des Akzeptierens, die unbedingt ein Verstehen voraussetzt (vgl. Rogers, 1961).

Es ist ein Sehen der Welt mit den Augen des anderen. Für *Rogers* ist dies eine ganz besondere Art des Zuhörens, der er eine mächtige Kraft für Veränderungen zuschreibt. Besonders beeindruckt hat mich in diesem Zusammenhang eine Passage in seinem Spätwerk *„Der neue Mensch"* (1981), in dem er seine Freude darüber ausdrückt, dass er in der Lage ist, jemandem wirklich zuzuhören. In diesem Zuhören vermag er Aspekte derselben Ordnung wiederzufinden, die sich im Universum als Ganzem befinden. Er fühlt sich damit im Kontakt mit der universellen Wahrheit. Bei dieser für mich ergreifenden Schilderung fühlte ich eine tiefe Traurigkeit darüber, diesen Menschen nicht persönlich kennengelernt zu haben.

Aus meiner eigenen Erfahrung speziell im Umgang mit geistig behinderten Menschen weiß ich, wie befriedigend es tatsächlich für beide Seiten ist, wenn es gelingt, eine ausgesandte Botschaft wirklich zu verstehen. Ich meine damit das Aufnehmen der Worte, der Gedanken und der Gefühle. Ein solches Zuhören ist nicht auf die verbale Kommunikation beschränkt, es schließt die nonverbalen Komponenten mit ein. In der Geschichte *„Wie soll ich es euch sagen"* habe ich versucht, die stumme Verständigung von Rolf und seiner Betreuerin darzustellen. Sie ist ihm mit ihrer empathischen Art sehr nah und somit in der Lage, seine Verhaltensweisen zu deuten. Auch ich durfte mehrfach eine solch beredt stumme Nähe zu geistig behinderten Menschen erleben. Ich habe sie stets als Bereicherung für mein Leben empfunden.

Die Grundlagen des Personzentrierten Ansatzes entsprechen denen der klientenzentrierten Gesprächspsychotherapie. Diese Grundlagen müssen in nicht-therapeutischen Arbeitsfeldern, wie z. B. im Alltag von Wohnstätten der Behindertenhilfe, anders umgesetzt werden als in einem therapeutischen Setting.

Dazu sind Handlungskonzepte erforderlich, die dabei behilflich sein können, behinderten Menschen eine angemessene Lebens- und Erlebensqualität zu sichern und den Rahmen der Situation für alle Beteiligte transparent und verstehbar zu machen. Ausgangspunkt ist eine humanistische Grundhaltung, die auf die Aktualisierungstendenz des Organismus vertraut und den Bewohnerinnen mit Echtheit, wertschätzender Anteilnahme und einfühlendem Verstehen begegnet. Die Art der Kommunikation spielt hier eine wesentliche Rolle. Das Verstehen von Menschen mit eingeschränkten Kommunikationsmöglichkeiten fällt oft schwer und erfordert besondere Sensibilität und Vorgehensweisen.

Eine mögliche Vorgehensweise könnte das Vorlesen der vorliegenden Geschichten sein, in denen behinderte Menschen sich in ihrer eigenen Art wiederfinden können und akzeptiert werden.

Lieben wir nicht alle die Bücher besonders, in denen wir uns mit der Titelfigur identifizieren können? Was sie tut, können wir mühelos in unser Selbstkonzept übernehmen und entfernt uns wieder ein Stück vom inkongruenten Erleben, das uns das Leben so schwer machen kann. Ich kann mir vorstellen, dass dieser Vorgang auch für Menschen mit geistiger Behinderung relevant ist, um zu einer „Fully Functioning Person" werden zu können, wie Rogers eine psychisch gesunde Person zu nennen pflegte.

Geschichten zur Unterstützung von Prä-Therapie als spezielle Form der Behindertenarbeit

Garry Prouty entwickelte die Prä-Therapie, um einen Zugang zu den Menschen zu ermöglichen, die aufgrund geistiger Behinderung, psychischer Erkrankungen oder Hospitalisierung nicht oder nur begrenzt in der Lage sind, Kontakt mit ihrer Umwelt aufzunehmen. *Dion van Werde* und *Marlis Pörtner* zeigen auf, wie Elemente dieser

Therapie in der Betreuungsarbeit von behinderten Menschen eingesetzt werden können.

Menschen, die jahrelang in Behinderteneinrichtungen leben, ziehen sich oft in ihre Welt zurück, weil sich niemand wirklich bemüht, diese mit ihnen zu betreten und in wirklichen Kontakt mit ihnen zu kommen.

Prä-Therapie beruht auf personzentrierten Grundlagen und ermöglicht, durch genaues Zuhören, Mitfühlen und Ernstnehmen der behinderten Menschen ihre Welt besser zu verstehen. Diese bekommen damit mehr Kontakt zu ihrer Umwelt und können ihren Handlungsspielraum erweitern und damit ihre Lebensqualität verbessern.

Prouty betont nachdrücklich, dass Prä-Therapie nicht eine Auswahl von mechanisch anzuwendenden Techniken ist, sondern auf einer personzentrierten Grundhaltung beruht, sich in die Welt der Klienten einzufühlen und sie in ihrem eigenen Rhythmus bei ihren Entwicklungsschritten zu begleiten.

In Einrichtungen der Behindertenhilfe ist es in vielen Situationen möglich, die Methoden der von *Prouty* beschriebenen Kontaktreflexionen anzuwenden, sei es beim pflegerischen Tun, bei gemeinsamen Spaziergängen oder bei Begegnungen in Gemeinschaftsräumen.

Meiner Ansicht nach können Geschichten, wie z. B. *„Tage der Angst“* oder *„Sie gehört zu mir“*, behinderte Menschen in Kontakt zu ihren Gefühlen bringen, ohne dass man sprachlich interaktiv zu tief in sie eindringen muss. Allerdings müssen dazu sicherlich noch Geschichten geschrieben werden, die es noch nicht gibt: Die Geschichten, die Menschen mit Behinderungen tagtäglich erleben.

Soviel zu den Einsatzmöglichkeiten der Geschichten für besondere Menschen.

Meine Geschichten sind für Menschen mit Behinderungen und die, die mit ihnen in Interaktion treten wollen geschrieben.

Besondere Menschen sind für mich die, die sich ihr empathisches Gespür für ihre Mitmenschen erhalten haben und es im täglichen Miteinander benutzen.

Ich wünsche dem Leser und der Vorleserin meiner Geschichten ein paar Stunden intensiven Kontakt zu sich selbst und dem Andersartigen. Vielleicht können sie zu einem besseren Verstehen und damit zu einem von Konflikten freieren Umgang miteinander beitragen.

Danke

sagen möchte ich meiner Familie Rolf, Hannah und Jannis. Sie haben meine Geschichten als Erstleser getestet,

Danke sagen möchte ich Prof. Dr. Okko Herlyn, der die Geschichten streng und kritisch gelesen und korrigiert und mich ständig in meinem Tun unterstützt hat,

Dank an Prof. Dr. Petr Ondracek, der mich mit dem Personzentrierten Ansatz auf seine wunderbare Art bekannt gemacht hat,

Dank an all die besonderen Menschen, deren Weg ich ein kurzes Stück begleiten durfte und die mich zu diesen Geschichten angeregt haben,

Dank an den GwG-Verlag, der dieses Projekt mit mir verwirklicht hat.

Doris Mehring

Literatur

Davison, G.C. & Neale, J.:
Klinische Psychologie
Weinheim: Psychologie Verlags Union, 1988

Goetze, H. (Hrsg.):
Personzentrierte Spieltherapie. Grundlagen, Erfahrungen und Perspektiven einer Kindertherapie nach Carl Rogers
Göttingen, Toronto, Zürich: Hogrefe, 1981

Pörtner, M.:
Ernstnehmen Zutrauen Verstehen
Personzentrierte Haltung im Umgang mit geistig behinderten und pflegebedürftigen Menschen
Stuttgart: Klett-Cotta, 1999

Prouty, G./Pörtner, M./Van Werde, D.:
Prä-Therapie
Stuttgart: Klett-Cotta, 1998

Rogers, C.:
Entwicklung der Persönlichkeit
Stuttgart: Klett-Cotta, 1961
Dritte Auflage, 1979

Rogers, C.:
Der neue Mensch
Stuttgart: Klett-Cotta, 1981

Bitte fordern Sie unser ausführliches Verlagsprogramm mit aktuellen Büchern und Standardwerken zum Personzentrierten Ansatz an!